A jornada inspiradora de
## São Carlo Acutis
"Está aqui um menino"

**Bruno Franguelli, SJ**

A jornada inspiradora de
# São Carlo Acutis
"Está aqui um menino"

Edições Loyola

Dados Internacionais de Catalogação na Publicação (CIP)
(Câmara Brasileira do Livro, SP, Brasil)

Franguelli, Bruno
   A jornada inspiradora de São Carlo Acutis : "está aqui um menino"
/ Bruno Franguelli. -- São Paulo : Edições Loyola (Aneas), 2025. --
(Testemunhas de Cristo)

   ISBN 978-65-5504-455-3

   1. Espiritualidade - Cristianismo 2. Hagiografia cristã 3. Carlo Acutis,
Santo, 1991-2006 4. Santos cristãos I. Título. II. Série.

25-270871                                                                    CDD-270.092

Índices para catálogo sistemático:
1. Santos cristãos : Vida e obra                                             270.092

Eliete Marques da Silva - Bibliotecária - CRB-8/9380

**Diretor geral:** Eliomar Ribeiro, SJ
**Editor:** Gabriel Frade

**Capa:** Ronaldo Hideo Inoue
**Diagramação:** Maurelio Barbosa
**Preparação:** Fernanda Guerriero Antunes
**Revisão:** Mônica Glasser

Capa composta a partir da edição e montagem da foto de
Carlo Acutis com a imagem generativa de © Bargais (Adobe Stock).
Na contracapa, montagem sobre detalhes das páginas de
seu diário pessoal. Na primeira orelha, Carlo Acutis e sua mãe.

Imagens de Carlo Acutis (incluindo fragmentos do diário)
na capa e no miolo fornecidas pelo autor.

Foto do autor proveniente de seu arquivo pessoal.

Arabescos no miolo de © 4zevar (Adobe Stock).

**Edições Loyola**
Rua 1822 n° 341, Ipiranga
04216-000 São Paulo, SP
**T** 55 11 3385 8500/8501, 2063 4275
editorial@loyola.com.br, **vendas**@loyola.com.br
loyola.com.br, @edicoesloyola

*Todos os direitos reservados. Nenhuma parte desta obra pode ser reproduzida ou transmitida
por qualquer forma e/ou quaisquer meios (eletrônico ou mecânico, incluindo fotocópia e gravação)
ou arquivada em qualquer sistema ou banco de dados sem permissão escrita da Editora.*

ISBN 978-65-5504-455-3

© EDIÇÕES LOYOLA, São Paulo, Brasil, 2025

110964

Ao meu irmão e afilhado no sacramento batismal,
Breno Emanuel

*"Viveu pouco e não podia viver muito.
Aos anjos concede-se pouca via,
ou pouco espaço de viadores;
e não pode continuar muito
quem começa pelo fim."*

Padre Antônio Vieira
*Sermão do Beato Estanislau Kostka*
*(Roma, 1674)*

# Sumário

| | |
|---|---:|
| Prefácio | 11 |
| "Está aqui um menino" | 15 |
| Nada de extraordinário | 19 |
| Os segredos do Pequeno Príncipe | 27 |
| "Meu confidente" | 39 |
| Roupas de grife | 45 |
| Amigo dos invisíveis | 51 |
| *Bullying* | 57 |
| Estudante dos jesuítas | 61 |
| Eucaristia | 79 |
| Cuidar da casa comum | 87 |
| Subtração | 95 |
| Direto ao Paraíso | 101 |

Sete conselhos inspirados em Carlo Acutis para ser testemunhas do Evangelho nas redes sociais......... 111

A graça da vergonha................................................ 119

Referências............................................................ 123

# PREFÁCIO

Conheci Carlo Acutis quando fui padre espiritual do Instituto Leão XIII, em Milão. Carlo esteve conosco por pouco mais de um ano, mas sua presença foi profundamente marcante. Guardo com carinho a memória de um garoto muito educado, normal e, ao mesmo tempo, diferente. Tinha uma nobreza no trato com todos que o fazia especial. Era sempre disponível. Lembro-me de quando precisei de alguém que me ajudasse a divulgar, por meio de programas de internet, o voluntariado do Colégio como parte da formação inaciana que nós, jesuítas, oferecemos aos nossos alunos. Carlo, com a sua imensa generosidade, logo se colocou à disposição e iniciou o trabalho. No entanto, por causa da morte repentina, não conseguiu concluí-lo.

Recordo-me ainda de que, no interior da vida escolar, Carlo vivia sua fé com humildade e discrição. Como padre espiritual do Colégio, tive a oportunidade de receber várias vezes Carlo, que vinha espontaneamente em busca de orientação para crescer ainda mais na sua vida de fé. Uma vez, fui à sala de aula para convidar os alunos a participar da CVX (movimento de espiritualidade inaciana conhecido como Comunidade de Vida Cristã). Ao deixar a sala, achei que ninguém tivesse interesse, mas Carlo veio até mim e disse: "Padre, eu estou interessado!". Infelizmente, o tempo não permitiu que ele entrasse na CVX, mas posso afirmar que o garoto viveu as bases da espiritualidade inaciana. Na sua vida cotidiana, harmonizou a fé e o compromisso concreto de serviço aos demais. Em outras palavras, Carlo Acutis foi, de fato, um "contemplativo na ação" – como nós, jesuítas, costumamos afirmar quando nos referimos ao nosso carisma na Igreja.

Carlo exalava a sua fé sem fazer discursos. Não apresentava "piedade ou fervores indiscretos". Não exibia a sua religiosidade, mas a vivia com dignidade e um frescor sempre alegre. Através do seu jeito simples e discreto de ser, ao aproximar-se dele, era possível sentir sua fé como uma espécie de agradável e suave perfume. Carlo tinha um magnetismo que cativava a todos. Com sua humildade e cortesia, sua presença era afável e atraente, e não era difícil afeiçoar-se a ele. A mensagem da

PREFÁCIO

canonização de Carlo Acutis diz muito a todos, especialmente aos adolescentes e jovens de hoje. Ele nos ensina que é possível ser cristão no mundo de hoje e viver uma vida de fé segundo o chamado que o Senhor tem para cada um de nós.

Agradeço ao companheiro jesuíta Pe. Bruno Franguelli, SJ, por escrever esta biografia e dar a conhecer ainda mais ao Brasil, que tanto ama a Carlo Acutis, o frescor da vida desse jovem santo dos nossos dias. A existência de Carlo é um nobre convite para que busquemos amar e servir ao Senhor na simplicidade do cotidiano, por intermédio do testemunho da fé e da presença generosa na vida dos demais.

**Pe. Roberto Gazzaniga, SJ**
Padre espiritual do estudante Carlo Acutis

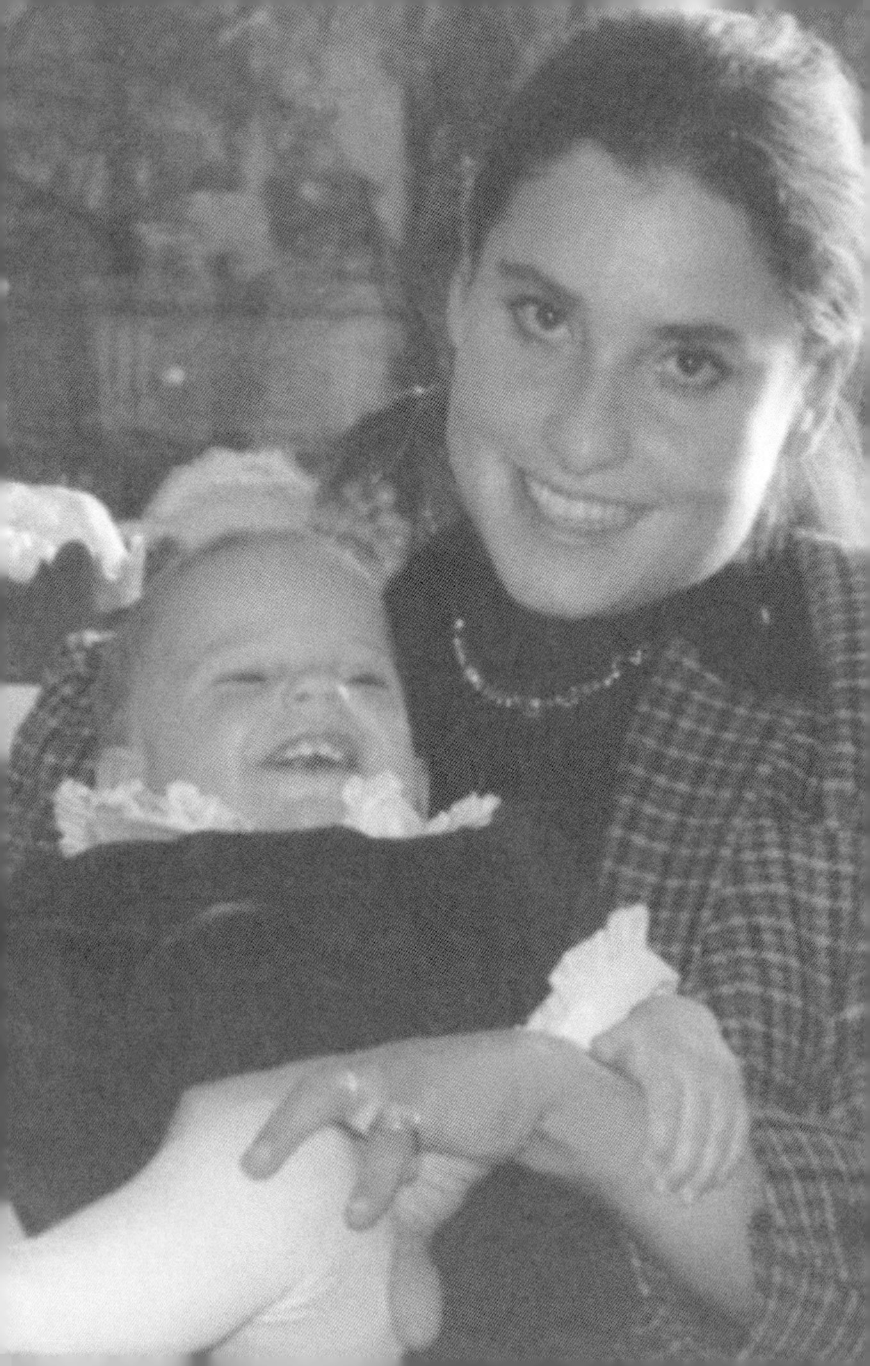

## "Está aqui um menino"

*"Está aqui um menino
que tem cinco pães de cevada e dois peixes…
mas que é isto para tanta gente?"*

(Jo 6,9)

Os apóstolos estão preocupados. A multidão está faminta e já é tarde. Esperam por um milagre de Jesus. No entanto, por um instante, se assustam, pois é o próprio Mestre quem pergunta a Filipe: "Onde compraremos pão para que todos estes tenham o que comer?". Perturbado, o discípulo responde-o imediatamente dizendo que não há dinheiro que possa pagar por despesa tão grande. Só um milagre pode alimentar a multidão. Jesus não deixa as coisas mais fáceis. Espera uma iniciativa por parte dos discípulos. Até que André, irmão de Pedro, mesmo com pouca esperança, informa-o: "Está aqui um menino que tem cinco pães de cevada e dois peixes... mas que é isto para tanta gente?".

Não conhecemos o nome do menino. Pouco reconhecimento tinham as crianças na época de Jesus. Elas não contavam. Com pouca instrução, sabedoria e nenhuma experiência de vida, os pequenos não eram importantes. O Reino de Deus, porém, é subversivo e a mensagem de Jesus, uma revolução. Deste modo, é próprio a um menino preparar o milagre da multiplicação. O garoto não retém nada para si. Talvez não fosse o único a ter consigo algo para comer naquela tarde, mas era o único a ter a coragem de oferecer o que tinha. E, com a liberdade e a confiança de uma criança pura de coração, lança tudo o que traz consigo nas mãos de Jesus. Oferece, porém desaparece. Não temos mais notícias do garoto. Até hoje o conhecemos apenas como o menino dos cinco pães e dois peixes. No entanto, foi este menino "eucarístico" quem ajudou Jesus a realizar o grande sinal da multiplicação. Foi esse menino desconhecido o grande colaborador do milagre do Senhor que alimentou a multidão naquela tarde.

Tomáš Halík, um grande autor espiritual da República Tcheca, afirma que estamos vivendo o entardecer do cristianismo. Já não respiramos a novidade matinal da mensagem cristã, nem mesmo o alvoroço esplendoroso do meio-dia. Assim como no Evangelho, é tarde. Desamparados de sinais vindos dos céus, cansados até mesmo da multiplicação de discursos religiosos, como aquela multidão, seguimos famintos.

Nosso século é ainda jovem, mas já nos tem decepcionado muito. Tentados, parecemos desacreditar de que ainda exista bondade no coração humano. No entanto, é exatamente neste momento que a Igreja, semelhante aos apóstolos, nos diz:

*Está aqui um menino!*

Sim, apenas um menino que, no entardecer destes nossos dias difíceis, sem grandes discursos nem feitos extraordinários, oferece tudo o que tem e, como o "garoto eucarístico" do Evangelho, nos alimenta e logo desaparece.

Conhecemos, porém, o seu nome: é Carlo Acutis.

# Nada de extraordinário

*"Foi ele quem nos deu um 'toque de despertar' e foi ele quem nos levou a seguir Jesus em meio às dificuldades e alegrias da vida, a fazer de Cristo a estrela de nossa existência. Sem Carlo, nada disso teria acontecido."*

Antonia Salzano Acutis,
mãe de São Carlo Acutis

Fotografias e imagens de Carlo estão sobre altares e lares de todo o mundo. O garoto é amado por gente que nunca o conheceu pessoalmente. Segundo alguns relatos, Carlo costumava afirmar que nunca envelheceria, seria sempre jovem. E, de fato, a sua imagem juvenil se eternizou. Em uma de suas fotografias mais divulgadas, o vemos com o olhar sereno, uma mochila às costas e, ao fundo, colinas verdejantes. É a imagem de um jovem peregrino. E, de fato, o cristão está sempre a caminho e tem uma meta a alcançar. No Livro dos Atos dos Apóstolos, os primeiros discípulos do Nazareno eram conhecidos como seguidores do Caminho. Isso nos indica que Jesus não é somente a meta a ser alcançada, mas ele também é o próprio Caminho. Com a mochila às costas, Carlo se faz companheiro nosso nessa caminhada tão difícil dos nossos dias. Indica-nos que é possível, com paciência, caminhar e chegar em segurança à nossa meta. Ele é um santo dos nossos dias. Somos contemporâneos a ele. Por isso mesmo o sentimos tão próximo. É nosso filho, irmão, amigo, colega de sala de aula... como o Papa Francisco costumava dizer: "um santo da porta ao lado".

De extraordinário, durante sua vida, Carlo parece não ter realizado nada. Não tinha nenhum dom sobrenatural. Quando orava, não levitava; nem mesmo tinha bilocações ou visões dos céus. Não escreveu tratados teológicos nem deixou brilhantes textos ou diários espirituais com apontamentos significativos. Dele, o que temos é ele mesmo, seu modo de amar, seu jeito dócil de tratar os outros, seu despojamento material. O que ele nos deixou, e nos basta, é a sua cotidiana e inabalável confiança em Deus. Confiança esta testemunhada com paciência e concretizada na sua oferta total, naqueles dias da fulminante enfermidade que o levou para longe de nós.

Carlo nasceu em Londres em 3 de maio de 1991 e logo, no dia 18 do mês mariano, foi batizado na igreja *Our Lady of Dolours*. Assim sua mãe, a senhora Antonia Salzano Acutis, descreve como o nome da igreja já indicava algo do calvário materno que viveria quinze anos depois:

Na minha opinião, o nome dessa igreja era profético, pois já revelava de alguma forma que nós também, imitando a Virgem Maria, beberíamos o cálice amargo da perda prematura de um filho. Carlo dizia que o Gólgota, que é o lugar onde Jesus foi crucificado, todos nós subiremos mais cedo ou mais tarde. Posso dizer, no entanto, que um pai ou uma mãe que perde um filho prematuramente sobe o Gólgota mais cedo, ainda em vida, porque esse acontecimento de fato nos faz morrer um pouco[1].

No mesmo ano de 1991, quando Carlo tinha cerca de 4 meses, a família retornou a Milão, na Itália, onde viveria ao longo dos quinze anos do garoto. Pertencia a uma família financeiramente notável. Carlo Acutis nasceu, de fato, em "berço de ouro". No ano seguinte, Carlo ganhou uma babá polonesa chamada Beata.

---

1. Os testemunhos da senhora Antonia Acutis, mãe de São Carlo Acutis, bem como os demais testemunhos, e também os pensamentos de Carlo Acutis, são extraídos do livro: ACUTIS, A., *Il segreto di mio figlio. Perché Carlo Acutis è considerato un santo*, Segrate, Piemme, 2022.

A jovem, que era católica e muito devota, ensinou a Carlo as primeiras orações, o rosário, e lhe transmitiu as primeiras noções da fé católica. Beata permaneceu babá de Carlo até 1996, quando o menino contava com quase 6 anos.

Por intermédio de Beata, sabemos que Carlo era um menino muito curioso, maravilhava-se com a fé e sempre desejava acompanhar a babá para ir à missa. Sentia-se triste por não poder receber ainda a Comunhão. Por isso mesmo, por insistência própria, conseguiu permissão para fazer a primeira comunhão antecipadamente. Deste modo, recebeu a Eucaristia pela primeira vez no dia 16 de junho de 1998, aos 7 anos.

Como costuma acontecer no ambiente escolar, sobretudo nos primeiros anos, Carlo era alvo de algumas brincadeiras de mau gosto dos colegas, mas não revidava nem se defendia. A babá Beata, ao questionar Carlo sobre o motivo pelo qual ele não reagia aos maus-tratos dos colegas, recorda que o menino lhe respondia: *"Jesus não ficaria contente se eu reagisse com violência!"*.

Carlo gostava de brincar com bloquinhos plásticos de montar e possuía outros brinquedos, porém não era egoísta. Ao perceber que alguém não tinha condições de tê-los também, presenteava-os com os seus brinquedos. Tinha acesso a *videogames*, mas o contato com notícias de patologias ligadas ao uso excessivo desses jogos o fez estar mais atento e impor a si mesmo uma medida temporal de uso que não deveria superar uma hora por semana.

Infelizmente, é uma realidade o fato de que, nos dias de hoje, são raríssimos os lares onde os pais transmitem a fé aos seus filhos e rezam com eles. O pedido de bênçãos aos pais e avós, que era tão comum no passado, hoje é um fato extraordinário, até mesmo considerado estranho. Dificilmente, ainda que em lares cristãos, reza-se antes das refeições. Após conduzir as crianças à pia batismal, com facilidade pais e padrinhos esquecem-se do compromisso assumido solenemente no ato do batismo: o de educar seus filhos e afilhados na fé da Igreja. É uma pena que, muitas vezes, nem mesmo preocupam-se de inscrevê-las na catequese paroquial. Carlo também não nasceu em uma família praticante da religião. Sua mãe narra que em nada ela e seu esposo influenciaram o filho na sua vida de fé. O contrário, porém, aconteceu:

Devo dizer que meu marido e eu não éramos exemplos ideais de pais, porque eu, pessoalmente, era proveniente de uma família "leiga". Tinha ido à missa apenas nos dias da minha primeira comunhão, no dia da Crisma e no dia do meu matrimônio. [...] Carlo me fazia perguntas, tinha uma babá devota, e eu era uma ignorante. Ao crescer em amizade e intimidade com Deus, no início de sua vida, ele fez tudo sozinho. Meu marido e eu não entendíamos profundamente, e talvez nem fôssemos capazes de acompanhá-lo e incentivá-lo a corresponder à Graça divina. Foi ele quem nos atraiu para a prática cristã. Foi ele quem nos deu um "toque de despertar" e foi ele quem nos levou a seguir Jesus em meio às dificuldades e alegrias da vida, a fazer de Cristo a estrela de nossa existência. Sem Carlo, nada disso teria acontecido.

Dizem que santo de casa não faz milagre. Não foi bem assim que aconteceu no lar de Carlo. Foi o filho quem abriu os olhos dos pais para que enxergassem a luz da fé. Utilizando as palavras do *Sermão de Santo Estanislau Kostka* do Padre Antônio Vieira, Carlo foi o garoto que começou pelo fim.

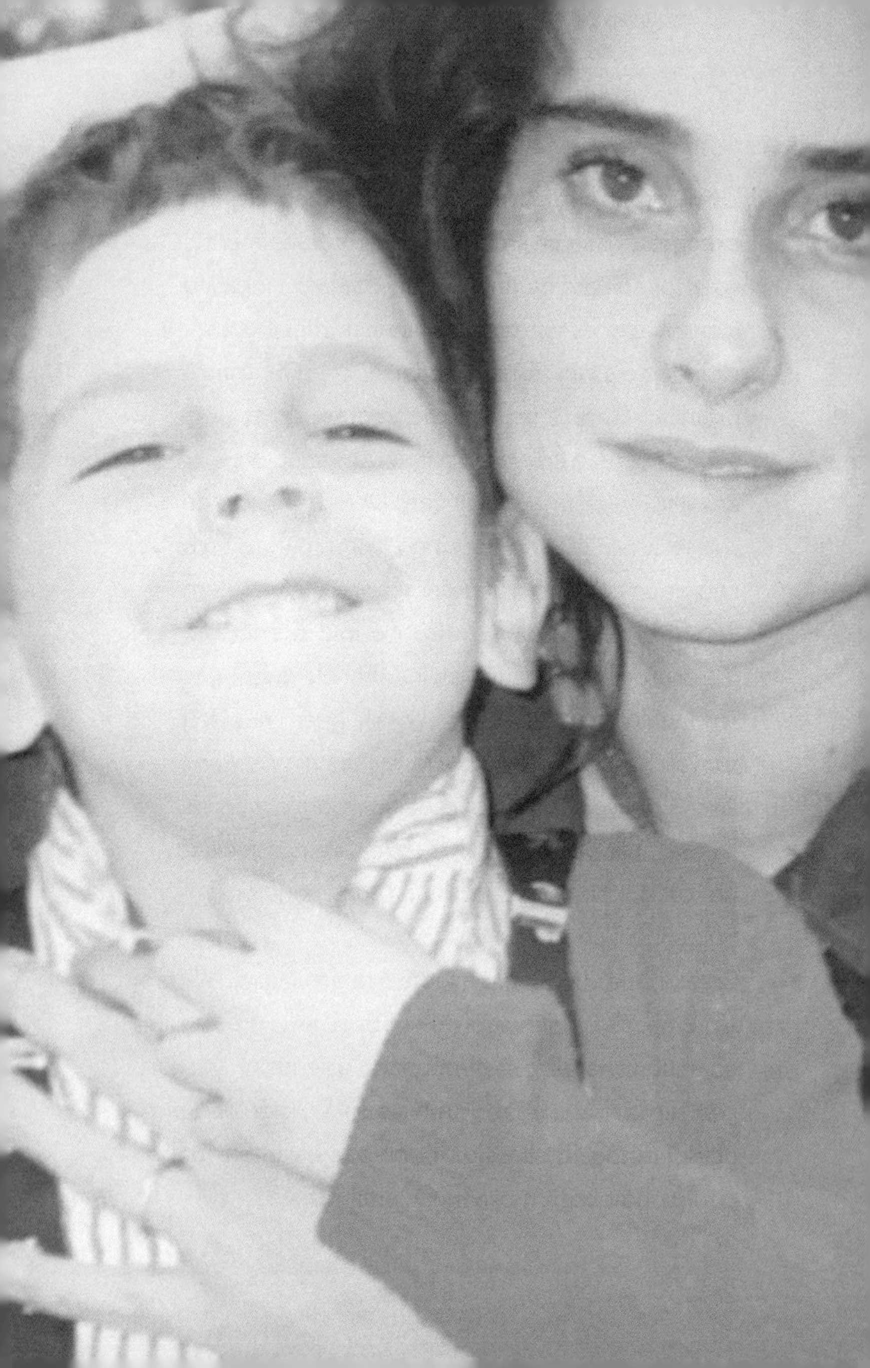

# Os segredos do Pequeno Príncipe

*"Estar sempre unido a Jesus,
este é o meu programa de vida!"*

São Carlo Acutis

Quem não ama *O Pequeno Príncipe* de Antoine de Saint-Exupéry? Carlo também o amava muitíssimo. Sua mãe afirma que era o livro no qual ele se inspirava, cujo texto, desde pequenininho, lia por muitas vezes. Ele repetia sempre a célebre frase: "Foi o tempo que dedicaste a tua rosa que a fez assim tão importante".

Aos 11 anos, Carlo escreveu e desenhou na sua agenda escolar traços que poderíamos considerar seu projeto de vida. São surpreendentes essas páginas, as quais nos ajudam a conhecer ainda melhor o coração do menino Carlo Acutis. O autor Giancarlo Paris, no seu livro *Carlo Acutis: o discípulo predileto*, faz uma bela e detalhada descrição e reflexão sobre essas páginas ao explicar o sentido de cada desenho e palavra de Carlo. Parte desses comentários reproduzimos aqui.

## 17 A 19 DE SETEMBRO

São três páginas da agenda contendo uma reflexão que se aprofunda à medida que lemos. Na primeira delas, temos uma figura estranha, que poderiam ser sementes das quais saem flechas que levam uma palavra cada uma: "vontade, coração, cabeça, corpo". No rodapé, uma segunda escrita: "Ter 11 anos e demonstrar a todos".

Na página seguinte, um desenho mostra uma casa. Aparecem as iniciais de quatro palavras do dia precedente; cada letra sobre a parede da casa e a frase: "O nosso fundamento é Jesus... construir a casa que sou, Jesus me recomenda".

Na última página, no dia 19 de setembro, tudo fica mais claro. Carlo se refere à passagem do Evangelho da casa construída sobre rocha em contraposição à construída sobre areia. Vemos desenhados a casa, o fundamento, a areia e a rocha. E cada ilustração corresponde a um escrito:

- para a casa: "Vida de Carlo";
- para o fundamento: "Valores que me sustentam v(ontade), c(oração), t(esta=cabeça), c(orpo)";

- para a areia: realidade efêmera;
- para a rocha: "realidades que duram sempre".

Para Carlo, que tem então apenas 11 anos, a casa deve ser construída sobre valores sólidos e duradouros, e não sobre coisas efêmeras. Carlo não é um "piegas" nem um espiritualista. Ele escreve as ações concretas que dão espessura e constância a sua vida[1].

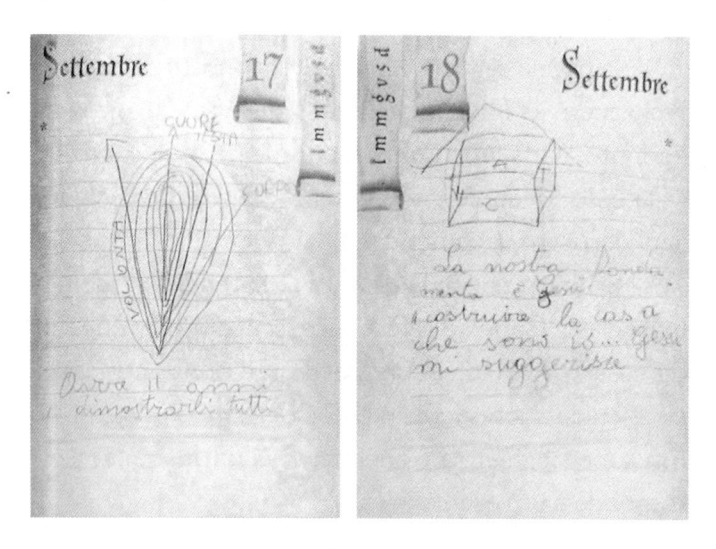

---

1. As imagens do diário de Carlo presentes nestas páginas são reproduções encontradas no livro: PARIS, G., *Carlo Acutis. Il discepolo prediletto*, Padova, Edizioni Messaggero, 2024.

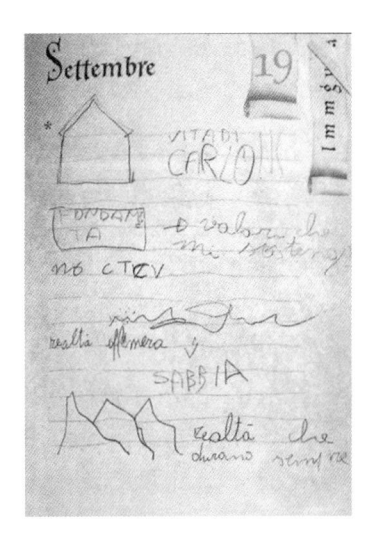

## 22 DE SETEMBRO

Na página de 22 de setembro, logo abaixo, está desenhado um menino sem braços e sem os delineamentos do rosto. No peito há um coração grande e ao lado está escrito ("CASA SANA" = CASA SAUDÁVEL).

Carlo, com uma linha, une o escrito CASA SANA ao coração. Não tendo indicações precisas, buscamos compreender o que o inspirou a desenhar isso. A pessoa inteira, se tem um coração grande, é capaz de amar;

é uma casa amiga, saudável, um lugar de encontro, um refúgio, uma morada na qual se sente bem.

## 23 DE SETEMBRO

Esta página contém um título: ***Eu e os outros***. Encontra-se no centro, com diversas cores. A página está dividida em duas partes.

À esquerda há um EU bem grande. Carlo quer bem a si mesmo. Sabe que é importante porque se sente amado por Deus de modo especial. Daquele EU saem flechas em espiral que terminam com uma palavra cada uma: FUTURO TREINADOR – AMIGOS – PAIS + PARENTES – COMPANHEIROS – PROFESSORES.

Na parte de baixo da página encontramos um segundo desenho que comenta e aprofunda o primeiro. Um menino com cabelo longo, um rosto sorridente e um corpo em pé. Dele saem linhas com as palavras: VIDA DE FILHO, que se refere aos pais; VIDA DE ALUNO, relacionadas aos professores; VIDA DE ATLETA, em alusão ao escrito FUTURO TREINADOR. A inscrição mais abaixo diz: VIDA DE AMIGO, VIDA DE COMPANHEIRO. E, bem abaixo, pode-se ler: VIDA DE CREDENTE (FÉ).

## 24 DE SETEMBRO

Nesta página existe outro desenho significativo. Um menino está sentado com as pernas cruzadas, a mão direita no coração e a esquerda apoiada sobre os pés. Contém as palavras: SIMPÁTICO – CONFIÁVEL – SINCERO – COMPREENSIVO – LEAL – GENEROSO – RESPEITOSO. Abaixo do menino, Carlo escreveu: *"o companheiro deve ser simpático, confiável, leal, sincero, compreensivo, generoso, respeitoso"*.

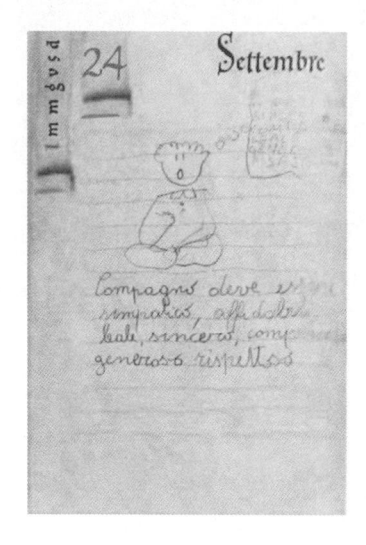

## PÁGINA DA AVALIAÇÃO

É curioso que Carlo Acutis também dedique uma das páginas de sua agenda para se autoavaliar. O mais incrível ainda é a maturidade e a sinceridade das notas que aplica a si mesmo:

| | |
|---|---|
| SIMPÁTICO | 8 |
| CONFIÁVEL | 10 |
| LEAL, SINCERO | 7 |
| COMPREENSÍVEL | 10 |
| GENEROSO | 6 |
| RESPEITOSO | 7 |

É admirável a honestidade de Carlo na sua autocrítica. Constata-se que, apesar da pouca idade, é um menino maduro, seguro e autoconsciente. É interessante observar a nota baixa que ele dá a si mesmo em relação à sua generosidade. Ao mesmo tempo, porém, parece estranho. São inúmeros os testemunhos de que Carlo era absolutamente disponível e generoso para com todos. Na escola, jamais deixava de dividir o lanche, de ajudar os colegas que tinham dificuldade na aprendizagem e de dedicar-lhes atenção. Por que o menino daria a si mesmo uma nota baixa? Certamente porque Carlo, na linha dos cristãos autênticos, nunca estava satisfeito com o bem que fazia. Carlo sempre desejava ser melhor, ou seja, queria dar o seu *MAGIS* (mais) para Deus e para o próximo.

Proponhamo-nos, agora, um desafio? Vamos fazer também a nossa autoavaliação? Aprendamos com Carlo, principalmente da sua sinceridade. Carlo dava um passo de cada vez; desse modo, alcançou a santidade. Avaliar-se significa identificar a direção dos nossos passos, saber onde estamos e se caminhamos nos caminhos dos valores do Evangelho. Qual nota você dá para cada um dos aspectos elencados por Carlo?

SIMPÁTICO \_\_\_\_
CONFIÁVEL \_\_\_\_
LEAL, SINCERO \_\_\_\_
COMPREENSÍVEL \_\_\_\_
GENEROSO \_\_\_\_
RESPEITOSO \_\_\_\_

Sua mãe, Antonia Acutis, recorda que o filho sempre encontrava algo em si a melhorar e nutria uma evangélica autocrítica:

> Desejava melhorar em tudo, fosse no amor a Deus, fosse no amor ao próximo, começando pelos pais. Desejava aperfeiçoar a amizade com os seus colegas de escola, com os professores. Desejava empenhar-se sempre mais seriamente para aprofundar as várias disciplinas escolares, de informática, além daquelas ligadas à fé.

Com esta afirmação, não podemos nos esquecer de que estamos falando de apenas um menino pré-adolescente. Ao mesmo tempo, porém, Carlo é um gigante que hoje, despretensiosamente, está em nossos altares ensinando o mundo com seu cotidiano cheio de Evangelho.

Lembro-me de uma conversa que tive com o escritor Tomáš Halík, enquanto caminhávamos pelas ruas de Roma. Tomáš me dizia que os santos são como luzes que nos indicam que o Evangelho pode ser vivido de verdade e que é acessível a todos. E, de fato, este é um dos grandes presentes da Igreja aos seus fiéis: um testemunho concreto a ser imitado. Nessas páginas da agenda desse "pequeno príncipe", com rabiscos simples e cheios de sonhos, o menino Carlo Acutis escreveu seu projeto de vida, que é aquele de todo discípulo de Jesus, de todas as idades e épocas. Projeto este sintetizado numa das frases mais marcantes pronunciadas por Carlo e que o garoto desenhou a partir da própria existência:

> *"Estar sempre unido a Jesus,*
> *este é o meu programa de vida!"*

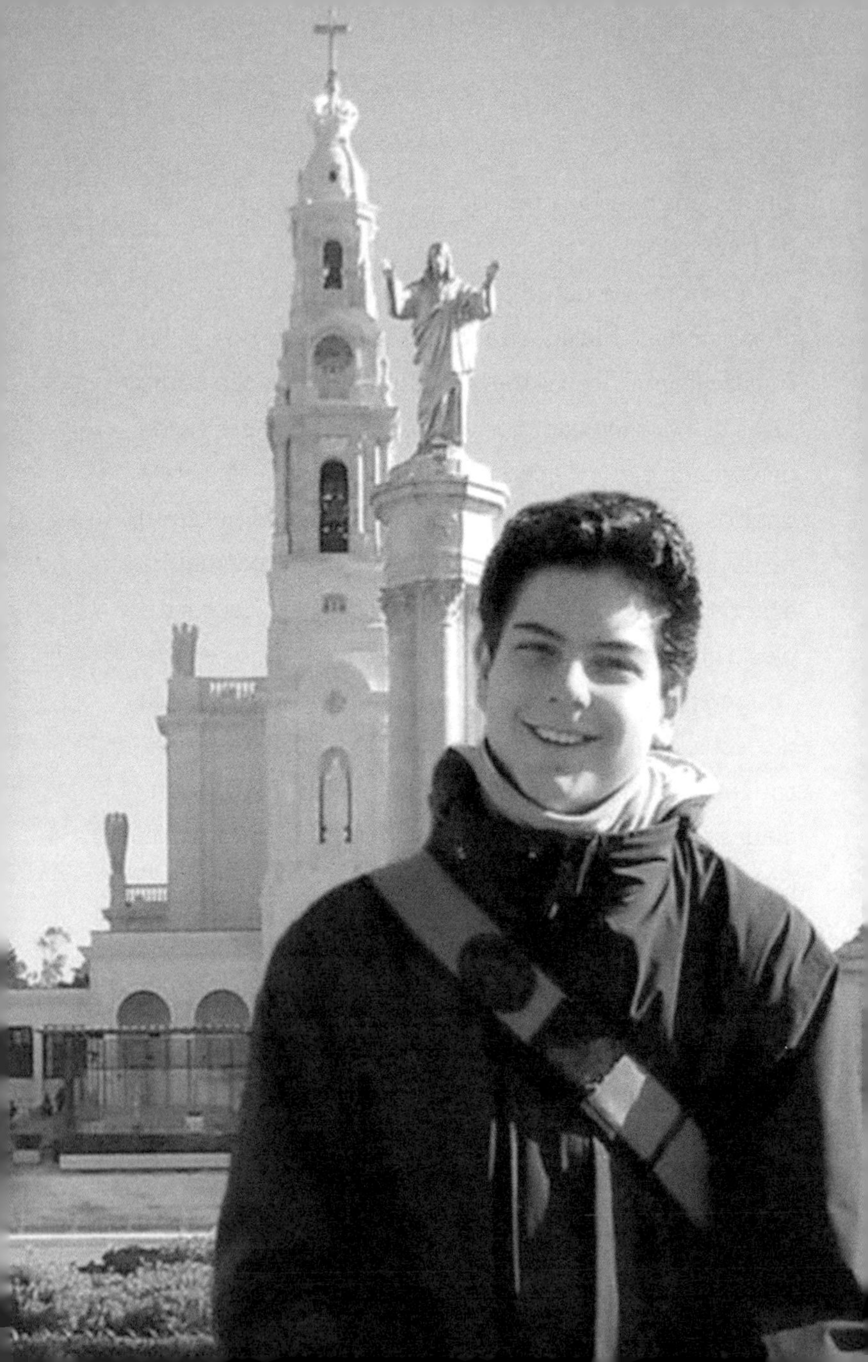

## "Meu confidente"

*"Eu me batizei porque Carlo
me contagiou e me impactou com sua profunda
fé, sua grande caridade e pureza."*

Rajesh Mohur,
o confidente de São Carlo Acutis

Após Beata, Carlo ganhou – aos 4 anos – seu segundo cuidador. Rajesh Mohur, além de "cuidador" do menino, era também doméstico da família. Rajesh, proveniente das Ilhas Maurício, era de religião hindu, e Carlo o considerava seu confidente. O cuidador, porém, talvez jamais imaginasse que sua convivência com o menino Carlo transformaria totalmente a sua vida e a sua fé. Ele mesmo narra como isso aconteceu:

> Dada a profunda religiosidade e a grande fé de Carlo, era normal que ele me desse catequese sobre a religião católica, pois eu era da religião hindu da casta sacerdotal brâmane. Carlo dizia que eu seria mais feliz se me aproximasse de Jesus e muitas vezes me instruía usando a Bíblia, o Catecismo da Igreja Católica e as histórias dos santos. Carlo sabia o catecismo quase de cor e o

explicava de maneira tão brilhante que conseguiu me entusiasmar com a importância dos sacramentos. Ele tinha muito talento para ensinar conceitos teológicos que nem mesmo os adultos conseguiam explicar. Pouco a pouco, comecei a levar a sério os conselhos e ensinamentos de Carlo, até que decidi me batizar como cristão. Para mim, Carlo era um mestre da vida cristã autêntica e um excelente exemplo de moralidade. Eu me batizei porque Carlo me contagiou e me impactou com sua profunda fé, sua grande caridade e pureza, que eu sempre considerei fora do comum, porque um rapaz tão jovem, tão bonito e tão rico normalmente preferiria levar uma vida muito diferente.

E Rajesh continua:

Carlo era um exemplo tão elevado de espiritualidade e santidade que senti dentro de mim o desejo de me tornar cristão e, assim, poder receber a comunhão. Ele me explicou a importância de ir à Eucaristia todos os dias e rezar à Virgem Maria com o Santo Rosário, tentando imitar suas virtudes heroicas. O menino costumava me dizer que as virtudes são adquiridas sobretudo por meio de uma intensa vida sacramental, que a Eucaristia é certamente o ponto culminante da caridade e que, por meio desse sacramento, o Senhor nos torna pessoas completas, feitas à sua imagem. E ele me citou as palavras, que sabia de cor, do sexto capítulo do Evangelho de São João Apóstolo, no qual Jesus diz: "Quem come a minha Carne e bebe o meu Sangue permanece em mim e eu nele, e eu o ressuscitarei no último dia". Depois, ele me explicou que a Eucaristia é o Coração de Cristo.

E o testemunho de Carlo foi tão luminoso que conduziu Rajesh a continuar e crescer na sua vida de fé:

Ele também me explicou e me preparou para receber o sacramento da Confirmação, dizendo-me que era muito importante. Ele me disse que, quando recebeu o sacramento da Confirmação, sentiu uma força misteriosa dentro de si que o envolveu e que, desde então, sua devoção à Eucaristia havia aumentado. Quando recebi o sacramento da Crisma, senti o mesmo. O que mais me impressionou em Carlo foi sua grande pureza e sua fidelidade à Santa Missa diária. Carlo tinha uma visão tão luminosa da fé católica que podia contagiar qualquer pessoa com a serenidade e a gentileza com que apresentava as verdades da fé.

Carlo, como se costuma dizer, arrastava mais pelo seu exemplo de vida que por suas palavras. Além disso, era extremamente respeitoso para com a religião do seu amigo. Sua afabilidade e seu modo credível de viver a fé foi a chave para a conversão de seu cuidador e confidente. Este testemunho de Rajesh sobre o modo como Carlo o atraiu à fé católica recorda as palavras do Papa Bento XVI, e repetidas pelo Papa Francisco, sobre a verdadeira evangelização nos dias de hoje:

*"A Igreja não cresce por proselitismo, mas por atração!"*

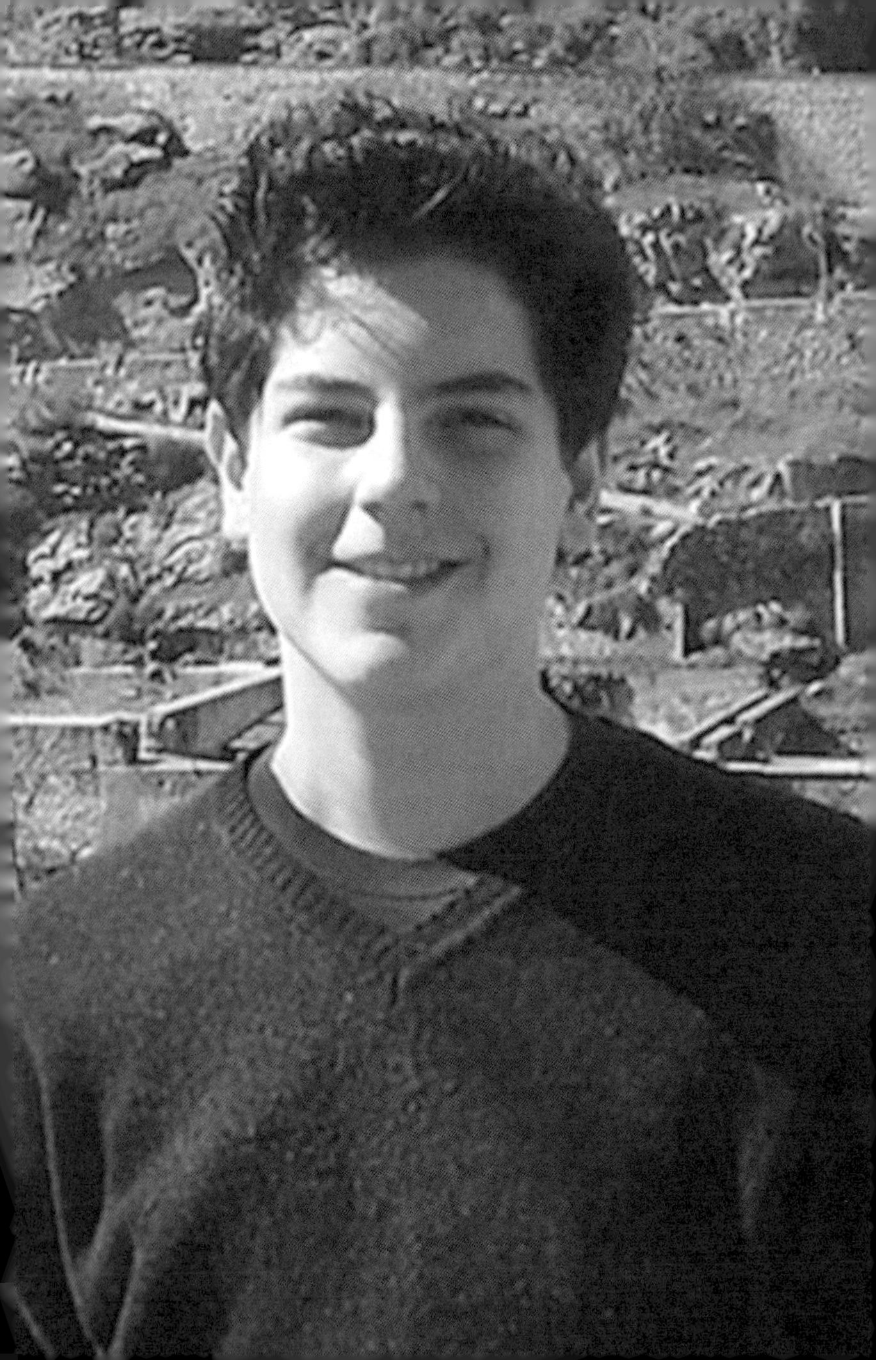

# Roupas de grife

*"Senhor,
quero ser
menos materialista!"*

São Carlo Acutis

Na imagem abaixo, vê-se a frase que serve de epígrafe para este capítulo, escrita por Carlo Acutis no centro da florzinha de papel. Na tradição familiar italiana das florzinhas – *i fioretti* –, as crianças são convidadas a escrever nelas seus bons propósitos.

Como vimos, Carlo pertencia à uma classe social economicamente privilegiada da sociedade milanesa. Poderia ter e vestir o que quisesse e esbanjar tudo o que lhe oferecia a capital da moda italiana. Mas não foi assim. Desde cedo, Carlo Acutis amou a sobriedade. Suas férias contínuas na cidade do Santo dos pobres, Assis, o ajudaram a cultivar um profundo sentimento de desapego aos bens materiais. Nesse sentido, sua mãe afirma:

> Ele era muito generoso com os outros, mas consigo mesmo era sempre muito austero e sóbrio. Eu tinha que lutar para comprar qualquer coisa para ele, porque ele nunca queria nada. Lembro-me de que, no início da temporada escolar, eu sempre tentava comprar pelo menos dois pares de sapatos novos para ele. Ele sempre resistia. Ele só queria ter um e, até que estivessem completamente gastos, não os trocaria. Ele dizia que com esse dinheiro era possível ajudar muitas pessoas necessitadas. Ele não seguia a moda, era muito sóbrio com suas roupas e sempre tentava ser discreto.

Sua mãe ainda relata que um dia, quando estava no Ensino Médio, roubaram uma linda bicicleta que haviam dado a ele como presente de aniversário. Ele não se entristeceu nem um pouco com o roubo. Quando seus pais lhe disseram que comprariam uma nova igual, ele respondeu que não a queria e que preferia usar uma bicicleta velha que estava esquecida na garagem. Ele a consertou e começou a andar com ela, sorrindo e feliz com sua "nova" bicicleta consertada.

E, a respeito do despojamento de Carlo, Antonia Acutis ainda acrescenta:

> Carlo não se importava em ter roupas ou acessórios de grife. Ele sempre foi contra a corrente com sua essencialidade. Ele não suportava aqueles que se vangloriavam de pertencer a uma classe social mais alta. Ele dizia que o valor de uma pessoa era diretamente proporcional ao seu nível de caridade e generosidade. Ele estava convencido de que aqueles com maiores recursos econômicos tinham maiores responsabilidades porque tinham o dever de ajudar os menos afortunados, dentro dos limites de suas capacidades. Na prática, ele não tolerava nenhuma forma de

injustiça social, pois dizia que todos os homens são criaturas de Deus.

O menino Carlo não se contentava somente em abster-se dos bens materiais que podia ter. Ao contrário do jovem rico do Evangelho que partiu triste por não ter a coragem de doar sua riqueza, Carlo Acutis *"não tolerava nenhuma forma de injustiça social"*. Não apenas se sentia impelido a partilhar o que tinha com os pobres que encontrava, mas também desejava que estes pudessem ter as mesmas boas condições que ele tinha. Não era indiferente à pobreza dos outros. Esta lhe machucava profundamente. Neste sentido, são iluminantes as palavras de Carlo:

> Quem confia somente nos bens materiais, e não no Senhor, é como se vivesse uma vida ao contrário. É semelhante a um motorista que, ao invés de dirigir-se para a sua meta, viaja na contramão, no sentido oposto, arriscando-se continuamente a se chocar contra qualquer um. Um passo na fé é um passo a mais para o ser e um passo a menos no possuir.

E o menino ainda nos adverte:

Será importante vigiar sempre sobre nós mesmos. De fato, apenas mantendo uma pureza de coração seremos capazes de acumular no Céu aquele justo tesouro que nos servirá para a Eternidade.

## Amigo dos invisíveis

*"O que nos fará belos aos olhos de Deus
será somente o modo como
nós o amamos e como amamos
os nossos irmãos."*

São Carlo Acutis

No mundo atual, principalmente nos países desenvolvidos, cresce o desprezo pelos imigrantes que deixam seus países em busca de acolhimento, melhoria de vida e sobrevivência. No início do milênio, a Milão de Carlo Acutis já estava repleta dos chamados "extracomunitários", termo infeliz utilizado na Europa para designar os não cidadãos europeus – de maneira mais concreta, os imigrantes provenientes de países mais pobres. Sua mãe testemunha: "Carlo não discriminava ninguém por sua religião ou nacionalidade. Em todos enxergava o próprio Cristo, a quem neles devia amar".

Carlo Acutis, mesmo sem conhecer as causas profundas dessa situação, não foi indiferente a tal realidade. Conheceu a Obra São Francisco para os pobres em Milão, administrada pelos frades menores capuchinhos, que oferecia alimentação e outras assistências a milhares de pessoas. Inspirado por eles, Carlo dizia que desejava contribuir para ajudar os sem-teto e os imigrantes. Ainda aos 5 anos, por iniciativa própria, o menino chegou a oferecer todo o dinheirinho que tinha ganhando como mesada nas mãos do frade fundador dessa obra, em benefício das crianças necessitadas.

A mãe ainda relata que Carlo queria criar a própria obra social dedicada a todos aqueles que não tinham casas nem para onde ir. Sentia-se impelido porque percebia que nas mesas e nos dormitórios públicos nem sempre era possível encontrar lugar: "Um dos seus maiores desejos era construir dormitórios onde cada um tivesse o seu espaço pessoal, com móveis onde pudessem deixar seus objetos pessoais".

Carlo sempre tratava as pessoas sem-teto com amizade e cortesia. Percorria os parques de Milão para levar-lhes algo de comer. Utilizava sua mesada para comprar pratos térmicos e recipientes. Não poucas vezes compartilhava com eles seu jantar, frutas, biscoitos e sanduíches que levava consigo. Seu amigo Rajesh ainda recorda que o menino insistia para que o acompanhasse às lojas para comprar sacos de dormir. Era muito preocupado com as pessoas que dormiam sobre os papelões diante das portas das igrejas, principalmente durante o inverno milanês.

São inúmeros os relatos das ações de concreta caridade da parte do menino Carlo. Por onde passava, ele deixava sua marca de esperança. Seu coração era radicalmente solidário. Para além do gesto material, Carlo Acutis se fazia amigo dos pequenos com a sua presença reconfortante. Cumprimentava a todos os que encontrava pelo caminho e tratava-os com a dignidade que mereciam. A atitude de Carlo lembra estas palavras de Dom Pedro Casaldáliga, o conhecido bispo profeta de São Felix do Araguaia:

> Saudar, a partir daquele espírito de acolhimento que Jesus nos trouxe, já é evangelizar. A princípio é preciso saudar todo mundo. A saudação de um bispo, de um padre, de um agente de pastoral tem ainda mais uma conotação evangelizadora por vir de quem vem. Sinto que saudando proclamo o Evangelho, anuncio a paz, faço referência ao Deus vivo e acolhedor[1].

---

1. CASALDÁLIGA, *Cuando los días dan a pensar. Memoria, ideario, compromisso*, Madrid, PPC Editorial, 2005.

Nem mesmo seus familiares sabiam o quanto Carlo Acutis amava aos pobres e por eles era amado. Anos depois, no dia de seu velório, houve algo que surpreendeu a todos. Seus amigos invisíveis apareceram de todos os lugares para prestar a última homenagem ao menino de Milão que passou fazendo o bem. Eram pessoas sem-teto, imigrantes e vítimas da miséria. Estes eram ocultos a tantos, mas jamais para o menino Carlo Acutis.

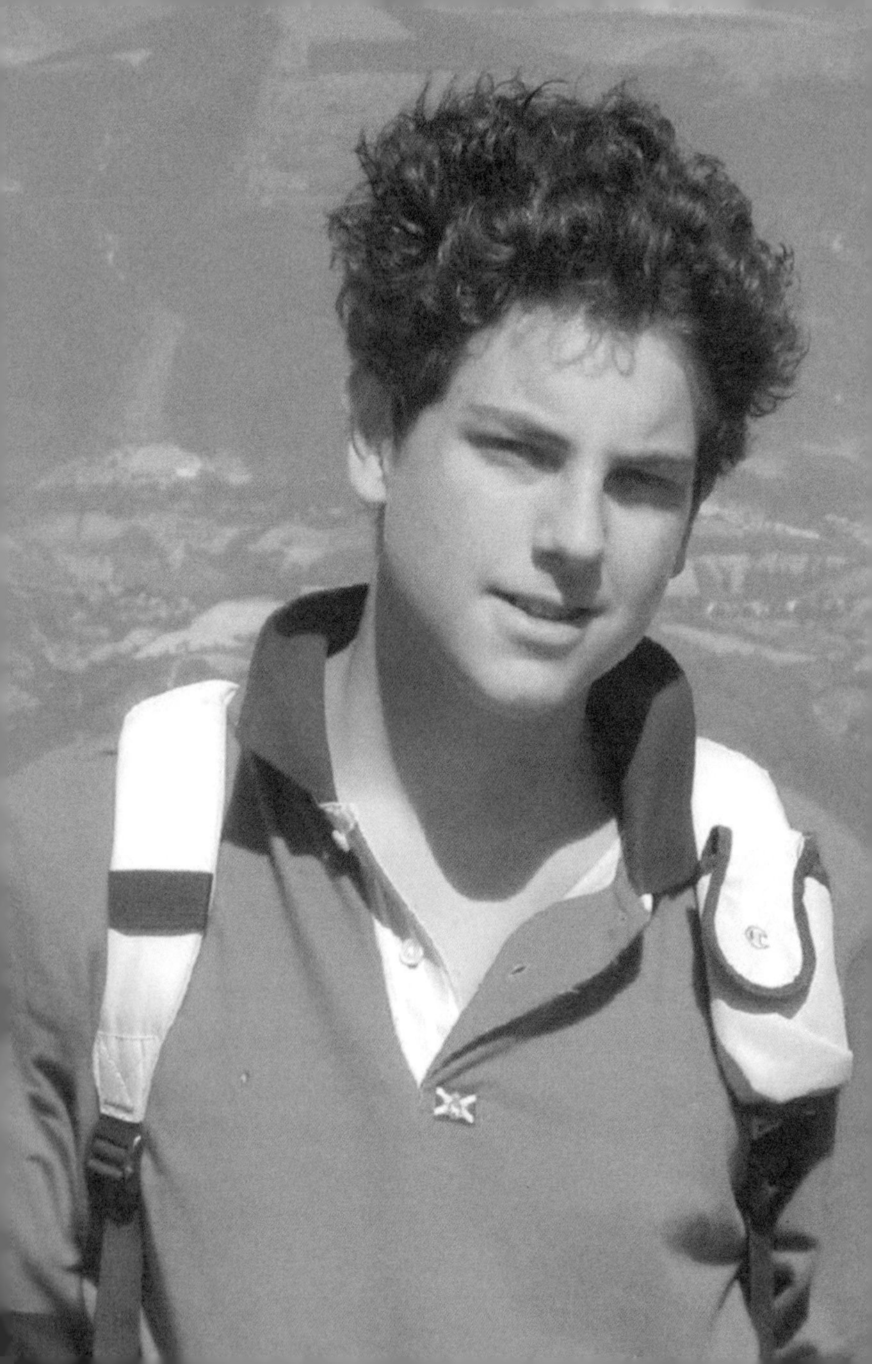

## *Bullying*

*"Por que diminuir
a luz dos outros para
fazer brilhar a própria?"*

SÃO CARLO ACUTIS

Em 2012, uma tragédia abalou a capital italiana. Um jovem chamado Andrea Spezzacatena, de apenas 15 anos, tirou a própria vida após ser vítima de *bullying* em uma escola romana. Tudo começou quando seus colegas de sala de aula criaram uma página no Facebook para ridicularizar o jovem, rotulando-o de "o menino das calças cor-de-rosa". O livro que narra o acontecimento foi escrito por sua mãe, e depois transformado num comovente filme lançado recentemente na Itália como *Il Ragazzo dai pantaloni rosa* (O menino das calças cor-de-rosa).

Infelizmente, situações como essa ainda são muito frequentes. O *bullying* – que, de certo modo, sempre esteve presente, sobretudo nas escolas – tem gerado muitas tragédias como essa que ceifou a vida do adolescente Andrea. Carlo Acutis conheceu essa realidade de perto e sempre se opôs frontalmente a situações semelhantes. É o que Antonia Acutis recorda:

Carlo sempre ficou do lado dos mais fracos. Era uma atitude natural. Não havia colega de classe em dificuldade que não encontrasse nele um porto seguro, um refúgio contra os ataques dos outros. Assim como ele amava os pobres, também amava os últimos, os fracos, os deficientes. Dedicava-se a eles e os defendia sem medo do julgamento dos outros.

Lamentavelmente, em alguns casos, o *bullying* pode partir até mesmo dos próprios professores. Certa vez, Carlo defendeu um colega de classe que tinha deficiências que não eram evidentes. Na ocasião, uma jovem professora havia chegado à sala de aula para substituir um dos professores que adoecera e, sem ter conhecimento das dificuldades do menino, ela começou a debochar dele por causa de sua dificuldade em se expressar. Carlo, então, defendeu o garoto, alertando em particular a professora sobre os problemas de seu colega. A professora se desculpou profusamente com Carlo e parou de implicar com o garoto.

No coração de Carlo não havia espaço para nenhum tipo de discriminação. Sua fé em Jesus e no Evangelho era sinal concreto de esperança e acolhida para com todos. Carlo era definitivamente amigo próximo dos rejeitados. Ele sabia que para amar de verdade era necessário ir além do respeito e sentia o dever de os defender. Este relato recordado por sua mãe dá-nos uma pequena ideia da imensa lucidez de Carlo Acutis e de como o Evangelho era presente no coração do menino:

> Em outra ocasião, fomos ao litoral com meus pais e, a caminho de casa, depois de estacionar o carro, atravessamos a praça onde havia um senhor idoso que estava tomando um pouco de ar fresco nos bancos. Ele era com frequência provocado por algumas crianças por ser homossexual. Quando meu filho percebeu isso, imediatamente interveio e os repreendeu em um tom severo, dizendo-lhes que todos deveriam ser respeitados, que ninguém deveria ser discriminado e que apenas Deus tem o direito de julgar os homens, sejam eles quem forem. A partir de então, o homem fez amizade com ele e, sempre que via Carlo, corria para cumprimentá-lo.

## Estudante dos jesuítas

*"Quantas vezes, como sacerdote e agente de pastoral juvenil, exultei ao ver e ouvir Carlo, ao perceber sua influência positiva sobre seus companheiros. Eu estava e estou convencido de que ele era como o fermento na massa: ele não faz barulho, mas a faz crescer."*

Pe. Roberto Gazzaniga, SJ,
animador espiritual do Instituto Leão XIII

Quando a Companhia de Jesus foi fundada, na metade do século XVI, Santo Inácio de Loyola concebeu o cuidado pela educação das crianças e dos jovens como algo essencial na evangelização do mundo. Era por intermédio dos colégios que o Evangelho seria plantado nos corações, e, com a educação sólida, o mundo se tornaria melhor. No entanto, a longa história e a experiência nos dizem que isso nunca foi fácil e que nem sempre os estudantes assimilaram os valores do Evangelho. Nem sempre seus estudantes deram prioridade ao "serviço da fé e à promoção da justiça", como afirma o carisma jesuítico nos dias de hoje. Formar um estudante nos caminhos do Evangelho tem sido cada vez mais um grande desafio, principalmente nos dias atuais. Muitas vezes, a qualidade da vida acadêmica é vista como mera ambição para o prestígio pessoal e o aumento dos bens materiais, e não se nutre nenhum desejo de serviço ao bem comum.

O Servo de Deus Pe. Pedro Arrupe, que foi Superior-Geral da Companhia de Jesus, em um discurso aos jesuítas e educadores dos colégios da Companhia de Jesus em 1980, assim descreveu pelo menos quatro características que devem estar presentes na formação dos seus estudantes. Reproduzimos parte do seu discurso:

## HOMENS DE SERVIÇO SEGUNDO O EVANGELHO

Desejamos formar homens de serviço segundo o Evangelho. É o "homem para os demais". No momento, porém, e especialmente para nossos alunos cristãos, quero redefini-lo sob um novo aspecto. Devem ser homens movidos pela autêntica caridade evangélica, rainha das virtudes. Falamos tanto de fé/justiça, mas é da caridade que a própria fé e o anseio de justiça recebem a sua força. É na caridade que a justiça atinge a sua plenitude interior. O amor cristão implica e radicaliza as exigências da justiça ao dar-lhe uma motivação e uma força interna. Frequentemente se esquece desta ideia elementar: que a fé deve estar informada pela caridade e que ela se mostra nas obras nascidas da caridade; e que a justiça sem caridade não é evangélica.

## HOMENS NOVOS

Desejamos formar homens novos transformados pela mensagem de Cristo, cuja morte e ressurreição eles devem testemunhar com a própria vida. Os que saem de nossos colégios devem ter adquirido, na proporção de sua idade e maturidade, uma forma de vida que seja por si mesma proclamação da caridade de Cristo, da fé que dele nasce e a ele conduz e da justiça que ele proclamou. Este desejo de testemunho cristão e de serviço aos irmãos não se desenvolve com a emulação acadêmica e a superioridade de qualidades pessoais em relação aos outros, mas somente através do hábito da disponibilidade e da servicialidade. O nosso método educativo tem de estar pensado em função destes objetivos: formar o homem evangélico que vê em cada um dos homens um irmão. A fraternidade universal será a base de sua vida pessoal, familiar e social.

## HOMENS ABERTOS AO SEU TEMPO E AO FUTURO

O aluno de nossos colégios, no qual, dia a dia, vamos imprimindo a nossa marca e dando-lhe forma, enquanto ainda é mais ou menos receptivo, não é um produto "acabado", que lançamos à vida. Trata-se de um ser vivo em contínuo crescimento. Queiramos ou não, durante toda a vida, estará sujeito ao jogo de duas forças: as próprias, com que influenciará o mundo, e as que o influenciarão. Do resultado deste jogo dependerá o seu modo de ser: ou um homem de vivência evangélica pessoal de serviço, ou entregue a uma neutral inércia, ou absorvido pela indiferença e pela descrença. Por isso, mais, talvez, que a formação que lhe damos, valem a capacidade e a ânsia de uma continuada formação que lhe saibamos inculcar. Que seja uma educação em função do ulterior crescimento pessoal. Uma educação aberta, de iniciação a vetores que continuam sendo operativos pelo resto de sua vida em uma formação contínua. Esta formação, portanto, deve ter em conta também o tipo de civilização em que vivemos e à qual os nossos alunos estão chamados a viver: a da imagem, da visualização, da transmissão de informação. A revolução que a imprensa sonhou nos albores do renascimento é brincadeira de criança comparada com a revolução das modernas tecnologias. A nossa educação tem que tê-las em conta, para servir-se delas e para torná-las conaturais aos nossos alunos.

## HOMENS EQUILIBRADOS

Não sei se é pedir demais, depois de todo o anterior. E, contudo, é um ideal irrenunciável: todos os valores já citados – acadêmicos, evangélicos, de serviço, de abertura, de sensibilidade diante do presente e do futuro – não perdem nada, antes se potenciam mutuamente, quando se combinam. Não é ideal dos nossos colégios produzir estes pequenos monstros acadêmicos, desumanizados e introvertidos; nem mesmo o devoto cristão alérgico ao mundo em que vive e incapaz de vibração. O nosso ideal aproxima-se mais ao insuperado homem grego, na sua versão cristã, equilibrado, sereno e constante, aberto a tudo aquilo que é humano. A tecnologia ameaça desumanizar o homem: é missão de nosso centro educativo salvaguardar o humanismo, sem renunciar, por isso, a servir-se da tecnologia.

Carlo Acutis estudou em três colégios diferentes. Aos 14 anos, no ano de 2005, foi matriculado no Instituto Leão XIII, colégio milanês da Companhia de Jesus. Era o tempo do "Liceo", equivalente ao Ensino Médio no Brasil. Na Itália, o Ensino Médio pode ser realizado de dois modos: o estudante pode optar entre o Liceu Clássico, que enfatiza as disciplinas ligadas às humanidades – as quais priorizam a aprendizagem de idiomas clássicos como o grego e o latim, bem como História, Filosofia e Artes; ou o estudante, se se sentir atraído mais para o ensino técnico e científico, pode escolher o Liceu Científico. Embora Carlo, principalmente pelo seu talento com a informática, desejasse realizar o Liceu Científico, aconselhado pelos pais, optou pelo Liceu Clássico. A motivação que os levou a escolher o Instituto Leão XIII da Companhia de Jesus era a proximidade que tinham com os jesuítas e a pedagogia inaciana, que seria muito importante para o desenvolvimento das habilidades pessoais de Carlo, principalmente o seu talento para informática.

Nesse mesmo ano da matrícula de Carlo no Instituto, seus pais o levaram para conhecer Manresa, na Espanha, lugar onde Santo Inácio fez a experiência dos Exercícios Espirituais e, a partir dela, pôde registrá-la para ensiná-la a tantos outros. A família também visitou Montserrat, local onde o jovem Inácio de Loyola se despiu de suas vestes de cavaleiro, entregando sua espada diante da imagem da Virgem de Montserrat, e transformou-se em um homem novo em Cristo. Segundo a mãe de Carlo, o adolescente se sentiu especialmente tocado por aquela região.

Poderíamos nos perguntar: Como foram os dias de Carlo no Instituto Leão XIII? Ninguém melhor para responder a tal pergunta do que o padre jesuíta Roberto

Gazzaniga, que na época era animador espiritual do Colégio e conheceu pessoalmente o estudante Carlo Acutis.

## PREOCUPA-SE EM SER AMIGO

Carlo se matriculou no Instituto Leão XIII, uma escola dirigida pela Companhia de Jesus, no ano letivo de 2005-2006, escolhendo cursar o Ensino Médio clássico. Aluno do IV B, ele se destacou imediatamente, de forma clara e discreta, por suas profundas qualidades humanas. Desde o início da escola, ele se movimentava como se já conhecesse o instituto havia muito tempo, com uma simpatia, familiaridade, amabilidade e fluência que não são comuns aos iniciantes. Ele se deu bem no Instituto, e seus colegas de classe, professores e funcionários interagiam com ele com alegria, ajudados pela recepção calorosa e pelo estilo cavalheiro, espontâneo e bem-disposto que o caracterizava. Carlo viveu sua inserção no Leão XIII com entusiasmo e participação, relacionou-se espontaneamente com seus companheiros, lançando as bases para se tornar amigo deles, para sentirem sua amizade; uma realidade com a qual ele se preocupava muito.

## CRIADOR DE RELAÇÕES SAUDÁVEIS

Padre Gazzaniga também percebia que, além da grande familiaridade de Carlo com o Colégio, com seus professores, funcionários e colegas, havia no garoto uma preocupação com os menos favorecidos:

> Ele prestava atenção naqueles que considerava "um pouco isolados". Algumas meninas e meninos precisam de mais tempo para se familiarizarem em um novo contexto de escola e colegas. Desde os primeiros dias, Carlo se aproximou discreta, respeitosa e corajosamente daqueles que tinham mais dificuldade de se reconhecer na nova realidade da classe e do Instituto. Poucos meses depois de sua separação da vida terrena e dos colegas de classe, ouvindo-os e perguntando-lhes sobre algumas das características de Carlo que os haviam impressionado, vários deles destacaram sua delicadeza em perceber, desde os primeiros

dias de aula, aqueles que tinham mais dificuldades, e sua disposição em apoiá-los e facilitar sua integração na classe, pedindo-lhes que não exasperassem a situação e tentando quebrar resistências e silêncios. Muitos colegas de classe são gratos a Carlo por essa sua capacidade de criar e facilitar relacionamentos, de transmitir confiança e proximidade sem intromissão.

## PARA CARLO, NINGUÉM ERA INVISÍVEL

Estar presente e fazer com que os outros se sentissem presentes foi uma característica que logo me chamou a atenção nele. Ele percorria de bom grado os corredores e os dois andares do colégio durante o intervalo mais longo do meio da manhã e procurava contato com os meninos e professores. Muitas vezes acompanhava algum colega de classe que, sem se envolver com ele, ficava sozinho em sua mesa ou nas proximidades, esperando o fim do intervalo. Ele tinha uma capacidade respeitosa, animada e muito jovem de tomar iniciativas e envolver as pessoas com exuberância. Vários adultos ficaram impressionados com sua iniciativa e cortesia naturais, alheias à familiaridade. O "porteiro histórico do Instituto" recorda com emoção a delicadeza de Carlo quando, em algumas manhãs, entrando pela entrada do "lado da piscina", ele passava durante o intervalo para cumprimentá-lo expressamente na portaria central, não o tendo feito no início da manhã. Um gesto vivido com espontaneidade, repetido várias vezes com verdadeira participação, o que chama a atenção, já que os meninos costumam cumprimentar ou não, de acordo com seus estados de espírito.

## SUA FÉ ERA TRANSPARENTE NA SALA DE AULA

A bondade e a autenticidade da pessoa de Carlo prevaleceram sobre os jogos de vingança que tendem a diminuir o perfil daqueles com qualidades excepcionais. Sua transparência é certamente um valor vívido. Carlo nunca escondeu sua opção de fé e, mesmo nas conversas e nos encontros verbais com seus colegas de classe, respeitava as posições dos outros, mas sem renunciar à clareza de dizer e testemunhar os princípios inspiradores de sua vida cristã. Quando um dos meus colegas entrou na classe do Carlo para propor a participação em um grupo extraescolar chamado Comunidade de Vida Cristã CVX, ao final da proposta, Carlo imediatamente se juntou a ele no corredor dizendo: "Estou interessado nesse itinerário evangélico que você traçou". O único de toda a classe a se posicionar e a declarar seu real interesse naquela proposta agregadora.

## CARLO SEGUNDO SEUS COLEGAS DE SALA DE AULA

Ouvindo seus colegas de classe, a quem questionei sobre o "dom de Carlo", lembro-me de que as ressonâncias de sua presença, os traços que mais impressionaram e entraram na memória e na experiência dos meninos foram: alegria, vivacidade, generosidade, ávido por relações de amizade, capaz de autodisciplina. "Nunca ninguém o viu com raiva, mesmo quando provocado." Era um rapaz engajado em vários interesses sem negligenciar seus deveres, sorridente, gentil, capaz de manter boas relações com todos. "Se você estivesse de mau humor, ao estar perto dele você superaria." Ele contagiava com seu otimismo, capaz de interesses sociopolíticos "na fase de crescimento em que a atenção a si mesmo e a seu mundinho geralmente prevalece". Tinha simpatia e um estilo acolhedor e hospitaleiro, mesmo no sentido de tomar a iniciativa de receber amigos em sua casa, sentindo que com ele as palavras não caíam na escuta formal. Havia um interesse real pela pessoa. Em particular, seus colegas de sala de aula não apenas se impressionavam pela espontaneidade, disponibilidade e confiabilidade de Carlo. Quando precisei de colaboradores para o serviço voluntário realizado pelos alunos do Leão XIII, Carlo se colocou à disposição para elaborar a apresentação das várias propostas de voluntariado com um programa utilizado por profissionais chamado *Dreamweaver*, o que o manteve muito ocupado durante o verão, projetando, programando e implementando. Nas reuniões do comitê de voluntariado, composto de vários pais, todos ficaram profundamente impressionados com a eloquência viva, a paixão e a inventividade de Carlo na criação de um CD que despertasse o interesse dos alunos para facilitar a escolha do serviço voluntário. As mães ficaram fascinadas com o modo de agir e as habilidades de liderança de Carlo, com seu estilo tão gentil, animado e eficiente.

## "AQUI ESTÁ UM JOVEM E UM CRISTÃO FELIZ E AUTÊNTICO!"

Eu o vi pela última vez no sábado anterior à apresentação das atividades voluntárias em preparação para a exibição aos alunos, marcada para 4 de outubro de 2006. Com base em algumas indicações que lhe dei, descobri que ele estava disposto a revisar alguns dos trabalhos que havia feito com uma liberdade e uma busca pelo melhor que não é comum nos jovens. Durante a projeção de seu trabalho, realizada por um colega da quinta série, no final eu disse que o trabalho havia sido composto por Carlo e que o som das palmas espontâneas e intensas que ouvimos o teria animado e, de certa forma, envergonhado. Seu amor pela vida e pelas pessoas, seu estilo e sua maneira de agir tão pessoal, transparente e bela, nós não esquecemos. Estamos todos convencidos de que era o fluxo de uma interioridade cristalina e festiva que unia o amor a Deus e às pessoas em uma fluidez alegre e verdadeira que não nos deixava indiferentes. Quantas vezes, como sacerdote e agente de pastoral juvenil, exultei ao ver e ouvir Carlo, ao perceber sua influência positiva sobre seus companheiros. Eu estava e estou convencido de que ele era como o fermento na massa, que não faz barulho, mas a faz crescer. Ainda mais agora que ele é como o grão de semente que entrou na terra para produzir o fruto da vida. Alguém poderia apontar para ele e dizer: aqui está um jovem e um cristão feliz e autêntico. "Carlo é um presente", e seu nome é pronunciado com respeito e muita saudade. Carlo está presente e, ao mesmo tempo, sentimos sua falta.

Carlo não teve tempo para concluir seus estudos do Ensino Médio. Na verdade, ele aprendeu muito, mas possivelmente ensinou mais ainda quando estava presente na sala de aula, nos corredores, nos intervalos, entre os amigos, os professores, os funcionários e os jesuítas. Carlo candidatou-se à CVX, pois desejava seguir a Cristo segundo a espiritualidade inaciana. Sua breve vida não o permitiu, mas, sem dúvida, já era um verdadeiro inaciano. Bem cedo, o jovem alcançou a mais importante graça tão suplicada nos Exercícios Espirituais e em toda a espiritualidade Inaciana: "o conhecimento interno do Senhor para que mais o ame e o siga". Não é por acaso que a lápide sob a qual repousam seus restos mortais, na igreja de "Spogliazione" em Assis, é marcada com o brasão da Companhia que tem no centro o Santíssimo Nome de Jesus (IHS).

Carlo Acutis é um exemplo atual para todos os estudantes católicos que desejam viver a sua fé também na sala de aula, de modo sereno e sem "fazer barulho". Como aluno dos jesuítas, ele alcançou o ideal esperado de um estudante inaciano: foi um garoto de serviço segundo o Evangelho, foi um jovem aberto ao seu tempo e ao futuro e foi equilibrado.

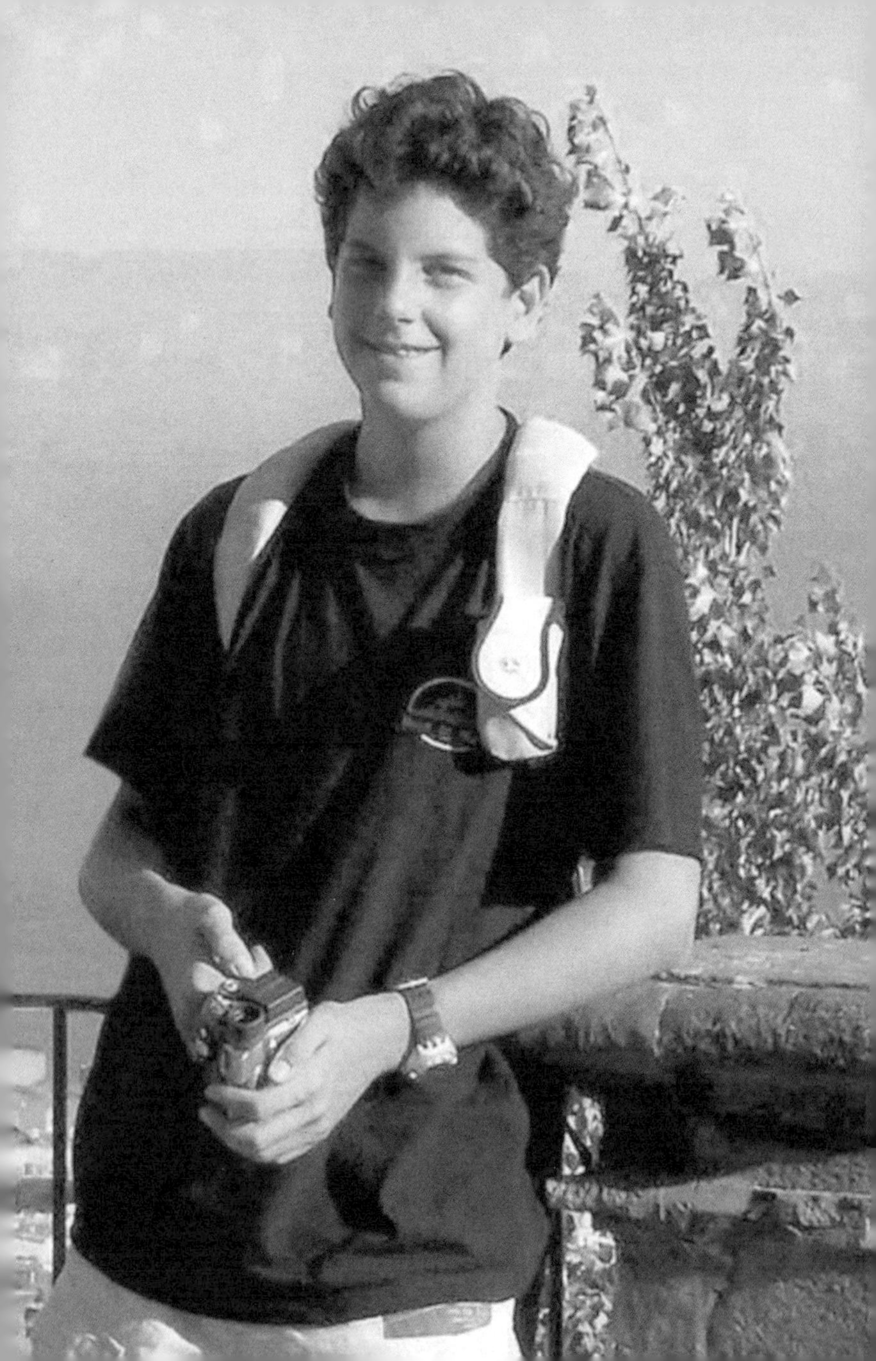

# Eucaristia

*"Se Deus possui o nosso coração,
então possuiremos o infinito."*

SÃO CARLO ACUTIS

Carlo viveu sua espiritualidade de menino com profundidade, beleza e entrega. No entanto, tudo isso foi vivido com a compreensão e a maturidade de um menino adolescente. A adolescência, como bem sabemos, é um tempo difícil, mas também cheio de descobertas. Mudam-se o corpo, a voz, os sentimentos e até mesmo os desejos. Começam as contradições, os medos, as fugas e a descoberta da própria identidade. Certamente, Carlo Acutis viveu tudo isso, mas, ao contrário de muitos de sua idade, ele fixou seus olhos, como costumava dizer, no infinito. Seu amor pela Eucaristia e seu interesse pelos milagres eucarísticos revelam o seu coração de menino sedento dos sinais extraordinários dos Céus na terra.

Do mesmo modo, a profunda devoção de Carlo pela oração do rosário, o seu amor a Nossa Senhora e seu interesse pelas aparições da Mãe de Deus são expressões do imenso carinho de um garoto cheio de encanto pelo toque sobrenatural de Deus. O Santuário de Nossa Senhora de Fátima era um dos locais que mais amava visitar. Lugares como esse trazem a marca de sinais extraordinários presentes em toda a História da Igreja, pois são delicadezas de Deus para todos nós e nos convidam a viver com profundidade nossa vida cristã.

Deus não pede mais do que nossas condições humanas e limitadas podem oferecer. Ele fala a nossa língua e se permite compreender de acordo com a nossa capacidade natural. Por exemplo, nas Aparições de Nossa Senhora de Fátima aos pastorinhos, que Carlo tanto amava, a Mãe de Deus não pediu às criancinhas que rezassem o breviário ou a liturgia das horas todos os dias. Naquele tempo, o breviário era todo em latim. As crianças, além de pobres, eram analfabetas. Como rezariam o breviário em latim se não tinham condições de ler nem mesmo em português? A Virgem Maria, porém, aproximou-se da realidade das crianças de Fátima, falou na própria língua delas e pediu que rezassem o Rosário, oração simples, profunda e acessível. Ao invés dos 150 salmos do breviário, a Virgem lhes pediu que rezassem as 150 ave-marias, que até então formavam o Rosário. Olhando para a vida de Carlo, podemos perceber algo semelhante. Deus lhe falou através do gosto e da sua afeição por esses sinais extraordinários, os quais são muito atrativos a todos, sobretudo às crianças. Estes foram os meios pelos quais Deus alcançou a Carlo, e este respondeu generosamente através da sua vida. Desse modo, foi concebida a santidade desse menino.

O amor de Carlo à Virgem Maria era surpreendente. Mesmo com pouca idade, o menino parecia tocar o cerne da devoção mariana. É difícil acreditar que as seguintes palavras tenham sido escritas por um adolescente:

> Essa mulher, que nunca pensou que seria imaculada, essa mulher, que sempre pensou que seria a serva do Messias, essa mulher que nunca sonhou com tal momento, essa nobre mulher do povo, descendente de Davi, essa mulher escolhida e desejada pela Trindade, pôde exclamar: "Eis aqui a serva do Senhor, faça-se em mim segundo a tua palavra". Diz-se serva. De acordo com o equivalente grego, "escrava". Significa

à disposição, completa, total e globalmente de Deus. Escrava: toda estendida ao comando de Deus. Escravo: sem "se" nem mesmo "porém". Escrava: toda inteira, de corpo e alma. Escrava: em todos os aspectos. Escrava: às ordens sem questionar. Escrava: não se opõe, não discute, não intervém, não condiciona, mas se ajoelha, levanta as mãos, vira o olhar e exclama: "Sim".

É interessante notar que, apesar de seu gosto por peregrinações, Carlo nunca esteve na Terra Santa. E, segundo os próprios relatos, podemos saber o porquê:

> Se Jesus permanece sempre conosco, onde quer que haja uma hóstia consagrada, que necessidade há de fazer a peregrinação a Jerusalém para visitar os lugares onde Jesus viveu há mais de 2 mil anos? Então os tabernáculos também deveriam ser visitados com a mesma devoção!

Não é realmente surpreendente a maturidade espiritual desse menino? Parece até mesmo que Carlo seguia as recomendações do Padre da Igreja, Gregório de Nissa, do século IV. Em uma de suas cartas dirigidas aos peregrinos que iam a Jerusalém, Gregório afirmava que as peregrinações à Cidade Santa não garantiam nenhuma aproximação com Deus, pois, onde quer que a pessoa estivesse, Deus viria até ela, desde que a morada da sua alma se abrisse a ele. E afirmava que o contrário poderia acontecer, isto é, se a pessoa tivesse o interior cheio de maus pensamentos, mesmo se estivesse visitando o Gólgota ou o monte das Oliveiras, estaria longe de receber a Cristo.

A maturidade na fé não consiste na alta compreensão doutrinal, nem mesmo em complexos conceitos teológicos. Isso não quer dizer que não seja importante o estudo do Catecismo da Igreja, de documentos do Magistério ou mesmo da Teologia. Tudo isso pode auxiliar na compreensão da própria fé e oferecer uma excelente contribuição para poder dar aos demais "as razões da própria esperança". No entanto, quando falamos de maturidade na fé, estamos tocando uma realidade muito mais profunda. Esta não depende da idade, da preparação intelectual ou doutrinal do cristão. A maturidade na fé depende do coração generoso, da entrega total e gratuita a Deus, do serviço desinteressado aos irmãos. Neste sentido, Carlo alcançou tal maturidade cedo. Já nos primeiros anos, tornou-se "eucarístico". Seu amor pela celebração da Eucaristia e suas constantes visitas ao Santíssimo Sacramento para a adoração silenciosa, quando lançava beijos a Deus, dilatavam o coração do menino para amar e servir a Deus nos irmãos. Carlo mesmo afirmava: *"Através da Eucaristia seremos transformados no Amor!"*.

Carlo não era um espiritualista. Sua vida e seus atos encarnavam o que ele acreditava. Sua oração se derramava no compromisso de não reter nada para si. Não tinha nenhum sinal narcisístico, nem mesmo de caráter espiritual. Estava continuamente empenhado em levar a Boa-Nova aos demais. Carlo sabia que a Eucaristia que ele contemplava na hóstia consagrada do Ostensório era a Presença Real daquele que dá a vida pelos demais e nos ensina a fazer o mesmo. Carlo afirmava: *"Quanto mais recebermos a Eucaristia, mais nos tornaremos semelhantes a Jesus e já nesta terra experimentaremos o Paraíso"*.

E não podemos nos esquecer de sua belíssima e célebre frase: *"A Eucaristia é a minha autoestrada para o Céu!"*.

Isso quer dizer que a Eucaristia não nos deixa acomodados e inertes, mas nos arrasta, nos imprime movimento, nos transforma em peregrinos. A Eucaristia é o Caminho, é a Estrada, mas que não se percorre sozinho, isolado. É por isso que o outro nome da Eucaristia é Comunhão. E Carlo entendeu muito bem essa sublime realidade.

# Cuidar da casa comum

*"A indiferença aos desastres ambientais
que afetam toda a criação, dos quais o homem
é a primeira vítima, era para Carlo o espelho
de uma humanidade cada vez mais distante
de Deus, que rejeita Seu amor."*

Antonia Acutis

Para o menino Carlo Acutis, adoração e serviço sempre foram partes integrantes da mesma verdade eucarística. Se é verdade que a adoração eucarística nos conforma a Cristo, é verdade também que ela nos deixa inconformados com tudo o que não está de acordo com os ensinamentos de Cristo. Carlo dizia: *"Diante do sol se bronzeia, mas diante da Eucaristia se torna santo"*. E assim foi Carlo, e assim deveria ser todo aquele que busca a verdadeira santidade. O santo é aquele que se conforma a Cristo, e não com a maldade presente no mundo.

A espiritualidade de Carlo tornou seus olhares profundamente eucarísticos. Como um apaixonado que consegue enxergar a pessoa amada em todas as coisas, assim foi a paixão eucarística de Carlo. Tornou-se um contemplativo da ação de Deus. O olhar eucarístico é integrador. Enxerga em todas as realidades o toque de Deus. A tudo ama. Em tudo enxerga Deus. Conta-se que Santo Inácio de Loyola, no auge da sua maturidade espiritual, ao contemplar a beleza das rosas, dizia: "Senhor, por favor, fale mais baixo!". Carlo, assim como Santo Inácio de Loyola e São Francisco de Assis, amava a natureza, a criação de Deus. Nesse sentido, na profética encíclica *Laudato Si'* (n. 84), o Papa Francisco afirmou:

> Todo o universo material é uma linguagem do amor de Deus, do seu carinho sem medida por nós. O solo, a água, as montanhas: tudo é carícia de Deus.

Carlo não podia compreender a razão pela qual a natureza era tão maltratada pelo ser humano. Rajesh, o confidente de Carlo, testemunha que o menino não se conformava com o fato de os indivíduos se preocuparem tão pouco com o meio ambiente. Para Carlo, o maltrato para com a criação de Deus era um sinal de desprezo para com o próprio Criador. Escandalizava-se ao ver como as pessoas jogavam lixo em qualquer lugar. Nesse sentido, é iluminante esta recordação da mãe de Carlo:

No verão, Carlo saía em "missões" para limpar o lixo que encontrava nas caminhadas que fazíamos com os cães pelas montanhas da Úmbria. Acima do Monte Subasio, encontrávamos de tudo: garrafas de vidro quebradas, com pedaços afiados espalhados que poderiam ser muito perigosos e ferir alguém; tampas enferrujadas ou bitucas de cigarros; restos de papel velho e material de piquenique; e até seringas de viciados em drogas. Para isso, ele havia se equipado com luvas e um bastão para recolher o lixo, que ganhara de presente. Ele costumava fazer a mesma coisa no verão à beira-mar: colocava sua máscara e ia recolher os pedaços de plástico que a maré às vezes levava pela praia. Os primos se lembram de como Carlo costumava repreendê-los quando deixavam a torneira aberta com a água escorrendo ou a luz acesa quando saíam de um cômodo. Ele costumava afirmar que o planeta parecia uma "lixeira giratória", porque dizia que, com o desperdício compulsivo de coisas, mais cedo ou mais tarde acabaríamos submersos em lixo.

Para Carlo, o pecado também consiste em provocar danos à criação de Deus, ou mesmo em assistir indiferente à ação desrespeitosa para com esta. Numa época em que ainda se falava muito pouco das mudanças climáticas, Carlo já era consciente das consequências da má ação humana na nossa casa comum. Assim comenta Antonia Acutis:

> A indiferença aos desastres ambientais que afetam toda a criação, dos quais o homem é a primeira vítima, era para Carlo o espelho de uma humanidade cada vez mais distante de Deus, que rejeita Seu amor. Carlo viu os danos à criação como um alerta para a postura desrespeitosa que os humanos adotaram em relação à natureza. Ele dizia que nossa sociedade não consegue mais reconhecer na natureza ao seu redor os vestígios de Deus.

Carlo não enxergava a tecnologia como um fim em si mesmo. Para ele, tratava-se de um meio importante não para que o ser humano a utilize para os seus mesquinhos interesses, mas para que melhore a vida da humanidade, a serviço do bem comum, inclusive pensando no bem das futuras gerações. Prossegue o testemunho da mãe de Carlo:

> Carlo havia conversado conosco sobre esse assunto; ele sentia que a tecnologia tinha o potencial de melhorar drasticamente a vida humana, mas que tudo depende de como a usamos. Meu filho, em particular, tinha uma percepção clara de que só poderemos dizer que melhoramos nossa condição humana graças à tecnologia se deixarmos um mundo melhor para as gerações futuras, ou seja, se a riqueza material adquirida puder ser mantida por meio da preservação do capital natural recebido.

Carlo não teve a possibilidade de ler a encíclica *Laudato Si'*, mas certamente seria um dos seus maiores propagadores. Se ainda estivesse entre nós, assim como fez com os milagres eucarísticos e as aparições de Nossa Senhora, Carlo com certeza organizaria exposições e iniciativas nas redes sociais para promover maior consciência, principalmente entre os cristãos, para que estes tivessem maior cuidado para com a nossa casa comum e a preservação do meio ambiente.

A existência humana se baseia em três tipos de relações fundamentais: aquela que desenvolvemos com Deus, com os irmãos e com a criação. Isso significa que, quando essas três relações caminham em harmonia, o ser humano se sente realizado e feliz. E o contrário é também verdade. Quando essas relações se rompem, o pecado se faz presente, e a tristeza, o ódio e o desespero assumem o coração humano. Na encíclica *Laudato Si'*, é exatamente essa realidade que afirma o Papa Francisco, ou seja, que o pecado é a ruptura, a desarmonia entre esses três tipos de relação. Com o pecado, *perde-se a harmonia entre o Criador, a humanidade e a terra (Laudato Si'*, 66). Carlo, embora nunca tenha tido contato com a encíclica, já era consciente dessa realidade.

Como vimos, Carlo era um adolescente cristão que amava profundamente a Deus, aos outros e à criação. Sua profunda união com Jesus e seu Evangelho era encarnada e o colocou bem distante de espiritualismos ou mesmo fanatismos que infelizmente atingem até mesmo nossos jovens cristãos hoje. Carlo estava bem distante de ser um negacionista, um reacionário ideológico, ou mesmo um indiferente aos problemas do contexto social no qual viveu. A espiritualidade do garoto Carlo mantinha-o com os "olhos abertos" para a realidade. Não estava presente nele a dicotomia entre fé e justiça, entre amor a Jesus e amor aos irmãos, entre adoração e serviço aos necessitados.

## Subtração

*"A conversão não é um processo de adição, mas de subtração, menos eu para dar lugar a Deus."*

E ainda:

*"A conversão é elevar o olhar para o alto. Basta um simples movimento dos olhos."*

São Carlo Acutis

Um dos negócios mais promissores da nossa época são as academias de ginástica e musculação. Mesmo nas pequenas cidades e povoados elas se multiplicam cada vez mais. Gente de ambos os sexos e de todas as idades recorrem às academias em busca não somente de um estilo de vida mais saudável, mas sobretudo por razões estéticas. E não há nenhum mal em cuidar-se. Faz bem à autoestima a busca por uma estética corporal mais agradável. Ao mesmo tempo, é interessante observar que a busca exagerada por padrões estéticos tem sido cada vez mais fomentada, principalmente, pelas redes sociais. Quantos sacrifícios se fazem e quantos comportamentos alimentares são mudados em busca daquele "shape" ideal vendido nas redes! Carlo, observando essa realidade, costumava dizer: *"Por que os homens se preocupam tanto com a sua beleza física, e não com a beleza da alma? A beleza do corpo é como uma rosa, dura pouco e está destinada a murchar rápido"*.

Desse modo, o menino Acutis, por meio dessa iluminante observação, nos ensina que a conversão é, principalmente, o cuidado com a beleza da alma. Isto é, à medida que o nosso olhar se volta para dentro percebemos o quão superficiais podemos ser. E mais ainda, observando o nosso interior, nos damos conta de quanto o nosso cristianismo pode ser infrutífero se as nossas ações em nada refletem a verdade que existe dentro de nós. O Evangelho nos fala que Jesus não olhava ninguém pelas aparências, mas através da profundidade do coração. E que o Mestre ainda dizia que a impureza contamina o ser humano não pelo que come ou por meio de suas práticas exteriores. Jesus afirmava que a impureza chega até nós por intermédio da maldade concebida no interior do coração.

Hoje, viraliza nas redes sociais o chamado "cristianismo *coaching*" com *influencers* dos mais variados ramos da religião. Estes indicam receitas e estratégias para "vencer na vida", conquistar as pessoas e ter muito dinheiro. Com discursos voltados ao emocional, arrastam *likes* e engajamentos que monetizam incrivelmente seus perfis. Vendem-se cursos e palestras que tornam esses *coachs*, de fato, muito bem-sucedidos. No entanto, são discursos, embora incrementados de versículos bíblicos soltos e fora do seu contexto, vazios do Evangelho de Jesus. Nada mais contrário aos ensinamentos de Jesus que uma religião que prometa um cristianismo fácil, cheio de riquezas e voltado para o ego do consumidor da fé. Discursos estes que incitam os indivíduos a servirem-se de Deus para seus mesquinhos interesses pessoais, não ajudando em nada o cristão a caminhar de acordo com os ensinamentos de Jesus. Carlo dizia: *"Não o amor-próprio, mas a glória de Deus!"*. E ainda: *"A tristeza é o olhar fechado em si mesmo, a felicidade é o olhar dirigido a Deus"*. Neste sentido, o Evangelho não é o caminho do sucesso pessoal, mas é a estrada do despojamento, da oferta de si, da *kenosis*, ou seja, do esvaziamento. Neste sentido, Carlo nos ensina:

> A conversão significa deixar de precipitar-se para baixo e recomeçar a subir para o alto. Mais baixo descemos, mais difícil será levantar-se. O importante é mudar a rota. Um passo de cada vez, dia após dia, caminhar adiante sem jamais parar. Quanto mais subirmos para o alto, mais

veremos as coisas com uma perspectiva certa, na sua inteireza e totalidade. Quanto mais subirmos para alto, mais entraremos na atmosfera que circunda a coeternidade. Respiraremos o ar do infinito.

Converter-se, ainda segundo Carlo, significa voltar-se à origem, não ser fotocópias de padrões da moda que se criam compulsivamente como tendências e se propagam com muita facilidade, e não apenas entre os mais jovens. *"Originais, não fotocópias!"*, costumava repetir Carlo. Para isso, porém, é preciso um olhar simples sobre vida. E, aqui, tomamos uma belíssima reflexão feita pela mãe de Carlo, Antonia Acutis, sobre a etimologia da palavra simplicidade:

> Simplicidade é a virtude de não complicar, como diz a palavra latina *simplex*, e é composta de dois elementos: sem e plicare. *Sem*, que significa uma vez, e *plectere*, que quer dizer dobrar. O termo oposto à palavra simples é complicar, que vem do latim *complicare* e significa dobrar junto, embrulhar. Portanto, complicado significa ser dobrado sobre si mesmo, tornar-se menos simples,

ser confuso, difícil de entender. Portanto, a simplicidade é precisamente a arte de não dobrar, de não complicar, mas de deixar tudo em um nível aberto, disponível para a glória de Deus e o bem de nossos irmãos.

Neste sentido, Carlo foi um garoto simples, ou seja, não complicou, não foi confuso no seu modo de agir, muito menos foi difícil de fazer-se entender como seguidor de Jesus. Sua santidade é extremamente simples e acessível, o que em nada significa que tenha sido superficial e fácil. E, de fato, não foi.

## Direto ao Paraíso

*"Quando você vai à igreja, pensa: 'Estou indo para o céu! A Eucaristia é uma chama'. Esteja sempre com amor em torno dessa chama, ó pequena borboleta eucarística, e você acabará caindo nela e sendo por ela abrasado. Você encontrará tudo nessa pequena Hóstia, pois nela está o Todo. Ela é a alavanca que o elevará à santidade, a faísca que o incendiará, a purificação para as suas manchas, o suplemento para as suas deficiências, a porta que o levará ao Céu."*

São Carlo Acutis

Durante a celebração batismal existe um rito riquíssimo de significado, mas que muitas vezes nos passa despercebido: a imposição da veste branca sobre o batizado. Durante a imposição da veste, o ministro do batismo dirige estas palavras ao neobatizado: "Você nasceu de novo e se revestiu de Cristo. Receba, portanto, a veste batismal, que deve levar sem mancha até a vida eterna, conservando a dignidade de filho(a) de Deus".

Portanto, todos os batizados somos chamados a "levar sem mancha até a vida eterna a veste nupcial" que recebemos no dia do nosso batismo. Santificar-se, como nos ensina o Livro do Apocalipse, é alvejar esta nossa veste constantemente no Sangue do Cordeiro. Nesse sentido, a túnica branca com a qual os ministros ordenados são paramentados representa exatamente essa veste que todos recebemos no dia em que fomos batizados. E a "alvejamos no Sangue do Cordeiro" cada vez que nos aproximamos dos Sacramentos, de modo especial os da Reconciliação e da Eucaristia. O santo, sobretudo, é um batizado que "deu certo", que, como diz São Paulo, "completou a corrida e guardou a fé".

Todos queremos ser salvos. Carlo, porém, tinha um desejo a mais; poderíamos chamar até de certa "santa ambição": ele não queria nem mesmo passar pelo purgatório. No auge de seu sofrimento, dos seus lábios, surgia esta oração: *"Ofereço meus sofrimentos pelo Papa, pela Igreja, para não passar pelo Purgatório e ir direto para o Paraíso"*.

O Purgatório, segundo a doutrina da Igreja, não é concebido como um lugar de torturas, mas um estado de purificação. Uma bela representação do purgatório pode ser a cena evangélica na qual o abraço do Pai misericordioso envolve o filho pródigo na parábola de Jesus. Podemos observar que, na parábola, não é o pai o responsável por imprimir sofrimentos ao filho, mas o próprio filho, que, com o reconhecimento do mal praticado, sofre as angústias causadas pela infidelidade ao amor do Pai. O purgatório, nesse sentido, é o abraço purificador que o Pai nos dará como expressão da sua misericórdia, que reduzirá a nada as nossas infidelidades. Se sentiremos alguma dor, esta será a pena causada pela consciência total, por um lado, do mal que praticamos sem nos termos arrependido e nos convertido, e, por outro, de tanto amor de Deus recebido, mas ignorado e desprezado em nossas vidas.

Carlo quer ir direto ao Paraíso, e este dia não demora a chegar. Nos átrios de sua juventude, aos 15 anos, recebe o diagnóstico de uma leucemia de tipo M3, ou leucemia promielocitica aguda. Os primeiros sintomas da doença começaram no dia 30 de setembro de 2006. Carlo tinha acabado de chegar da escola. Sentia-se fatigado. Naquele dia, tivera aula de educação física e fizeram muitas corridas. Até então, aquele poderia ser um cansaço normal, mas no outro dia, durante o almoço, seus pais notaram no seu olho direito uma pequena mancha vermelha, porém mesmo assim não se preocuparam muito. Após a Missa do domingo do dia 1º de outubro, Carlo começou a ter uma febre que chegava aos 38 graus. Na segunda-feira, 2 de outubro, ele foi levado ao pediatra e recebeu os devidos cuidados. Ainda nada tão preocupante. Aquilo parecia ser um resfriado comum. Todo o tempo o menino estava sereno e rezava. Rezar para ele era algo natural. Afirmava sempre que "a oração é o idioma dos Céus".

Já no dia 4 de outubro, Carlo deveria apresentar para todo o Colégio o *website* que tinha desenvolvido para promover as obras de voluntariado dos jesuítas. A missão fora confiada a ele para que, por meio desse *website*, os jesuítas conseguissem mais voluntários entre os estudantes e, assim, doassem seu tempo livre para o serviço dos pobres. No entanto, com a impossibilidade de estar presente, outro estudante apresentou a obra de Carlo, que foi muito bem-sucedida e elogiada por todos. Carlo, ao receber a notícia, ficou muito feliz.

No dia 7 de outubro os sintomas se agravaram e Carlo, ao despertar bem cedo, não conseguia nem mesmo levantar-se da cama para ir ao banheiro. Por estar com muita fadiga, seus pais conduziram o menino ao hospital. Após uma série de exames, o diagnóstico final chegou. A leucemia que o garoto portava tinha uma veloz proliferação das células tumorais. Imediatamente o internaram. Tudo foi dito a Carlo. O menino era consciente da gravidade da sua situação. Com estas fortes palavras, sua mãe, Antonia Acutis, recorda este momento:

> Quando o médico chefe nos deixou a sós, Carlo conseguiu manter a calma. Lembro-me de que

ele nos deu um grande sorriso e disse: "O Senhor me deu um sinal de alerta!". Fiquei muito impressionada com sua atitude, sua capacidade de encarar aquela situação com positividade e serenidade, sempre e em qualquer circunstância. Ainda me lembro do sorriso brilhante que ele nos deu. Era comparável a quando alguém, entrando em um quarto escuro, de repente acende a luz. Tudo se ilumina e ganha cor. Foi o que ele fez. Ele iluminou nosso momento mais sombrio, com o choque daquela notícia. Ele não desperdiçou palavras de preocupação. Não deixou que a ansiedade ou a angústia o dominassem. Ele reagiu confiando no Senhor. E, nessa confiança, decidiu sorrir.

"E, nessa confiança, decidiu sorrir." Deste modo Carlo viveu a sua entrega. Sem desesperar-se, sem lamentar-se, sem brigar com Deus. Pelo contrário, o menino se sentia, mais do que nunca, nas mãos de Deus. Recebeu os sacramentos, rezava o rosário constantemente e se mantinha naquela paz que apenas uma pessoa que amou a Deus com profundidade e dedicou-se aos demais durante a sua vida poderia ter. Carlo não temeu a morte porque soube viver cada instante da sua vida como um dom maravilhoso recebido de Deus. Tinha certeza de que para ele estava reservado o Paraíso. E não há nada de vaidade nisso, mas é a certeza dos beatos que nunca se afastaram de Deus, daqueles que vivem em Deus a própria felicidade e enchem de alegria também a vida dos outros. Como bem dizia o santo bispo de Mariana, Dom Luciano Mendes de Almeida: "O céu, para mim, é ver os outros felizes!".

No entanto, poderíamos nos perguntar: como Carlo conseguiu viver com tamanha serenidade esse momento tão difícil e doloroso dessa doença que repentinamente estava ceifando sua vida? Como, mesmo consciente de que estes eram seus momentos finais, um garoto de tão poucos anos, sofrendo grandes dores, se preocupava em não incomodar os enfermeiros, mantendo a lâmpada da sua fé acesa, a qual se tornava ainda mais fumegante e luminosa? Neste sentido, estas belíssimas palavras de sua mãe são esclarecedoras:

> Carlo parecia ter uma força que não era sua. Lembro-me de pensar que somente seu vínculo forte e íntimo com o Senhor poderia fazê-lo

enfrentar aquela situação daquela maneira. Não foi o heroísmo de um momento. Foi o fruto de um relacionamento cultivado dia após dia, hora após hora. Sem saber, Carlo havia construído para si a possibilidade de viver aquele momento daquela maneira. Ele a construiu com anos vividos sob a luz de Deus, sob sua proteção sempre solicitada, sob sua luz continuamente desejada.

No dia 11 de outubro de 2006, o menino Carlo Acutis entrou em coma e, às 17h45, teve declarada a sua morte cerebral. Na manhã de 12 de outubro, às 6h45, cessaram seus batimentos cardíacos. Aos 15 anos, num dia tão significativo – principalmente para nós, brasileiros, que celebramos Nossa Senhora Aparecida –, Carlo Acutis foi encontrar-se com o Amigo que sempre amou. Desse modo, Carlo cedo apresentou-se diante do Cordeiro com sua veste batismal sem mancha, preparado para celebrar a Eucaristia que não terminará jamais.

Imediatamente após a morte de Carlo Acutis, sua fama de santidade espalhou-se pelo mundo. Notícias de graças, curas e milagres atribuídos à intercessão de Carlo começaram a chegar de todos os lugares.

Feitos os procedimentos canônicos necessários, apenas catorze anos após a sua morte, na presença dos pais, irmãos, amigos e de todos os que se maravilharam com a vida desse menino, o Papa Francisco beatificou Carlo Acutis em 10 de outubro de 2020. Embora Francisco desejasse canonizá-lo no dia 27 de abril de 2025, durante o jubileu dos adolescentes, o seu falecimento o impediu. Com isso, ao invés de viverem a alegria da canonização, nos dias do seu jubileu, os adolescentes se uniram às multidões para se despedir do amado Papa Francisco. Deste modo, a presidência da canonização de Carlo Acutis passou para o Papa Leão XIV como uma das preciosas heranças deixadas pelo Papa Francisco ao novo sucessor de Pedro.

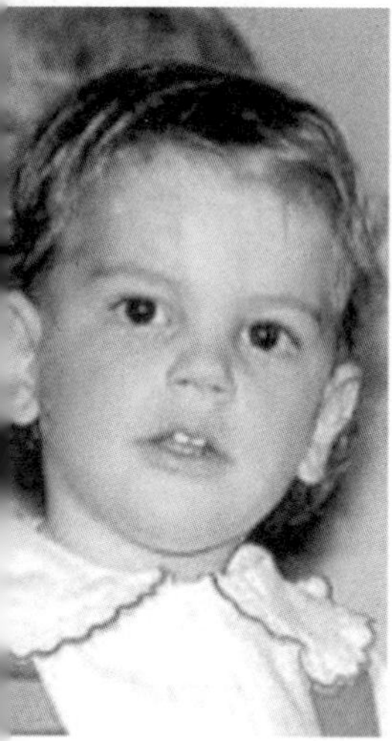
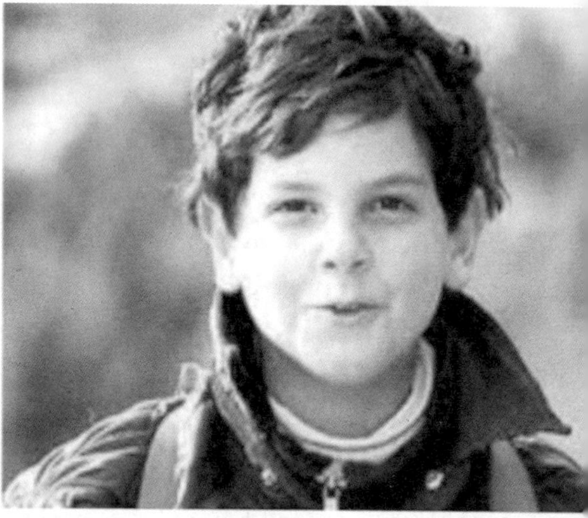
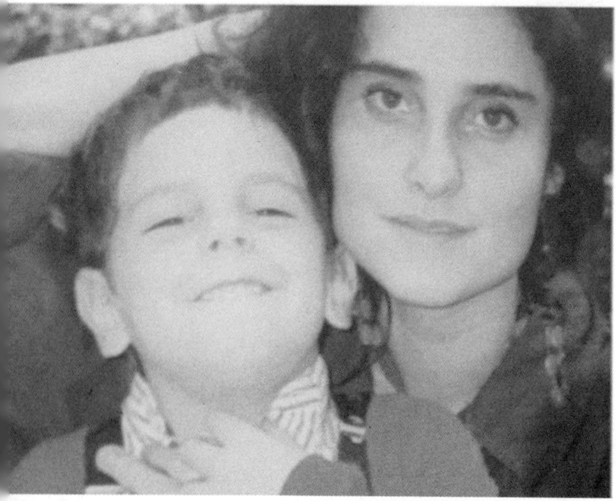
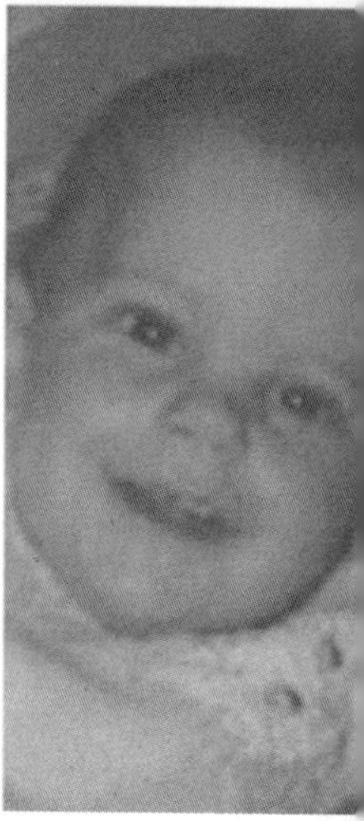

Sete conselhos
inspirados em
Carlo Acutis
para ser testemunhas
do Evangelho
nas redes sociais

Recordo-te a boa notícia que nos deu a manhã da Ressurreição, ou seja, que, em todas as situações escuras ou dolorosas mencionadas, há uma via de saída. Por exemplo, é verdade que o mundo digital pode expor-te ao risco de te fechares em ti mesmo, de isolamento ou do prazer vazio. Mas não esqueças a existência de jovens que, também nestas áreas, são criativos e às vezes geniais. É o caso do jovem Venerável Carlo Acutis.

Ele sabia muito bem que esses mecanismos da comunicação, da publicidade e das redes sociais podem ser utilizados para nos tornar sujeitos adormecidos, dependentes do consumo e das novidades que podemos comprar, obcecados pelo tempo livre, fechados na negatividade. Mas ele soube usar as novas técnicas de comunicação para transmitir o Evangelho, para comunicar valores e beleza.

Não caiu na armadilha. Via que muitos jovens, embora parecendo diferentes, na verdade acabam por ser iguais aos outros, correndo atrás do que os poderosos lhes impõem através dos mecanismos de consumo e aturdimento. Assim, não deixam brotar os dons que o Senhor lhes deu, não colocam à disposição deste mundo as capacidades tão pessoais e únicas que Deus semeou em cada um. Na verdade, "todos nascem – dizia Carlo – como originais, mas muitos morrem como fotocópias". Não deixes que isto te aconteça!

Papa Francisco, *Exortação Pós-Sinodal Christus Vivit*, 104-106.

Carlo é conhecido como o padroeiro da internet. De fato, num tempo em que não havia as facilidades com as quais contamos hoje para desenvolver *websites* e demais atividades da *web*, o garoto conseguia utilizar-se de programas complexos com particular talento e disposição. Colocou seus dons a serviço de Deus e dos demais com as muitas horas que passava desenvolvendo *websites* para divulgar suas amostras sobre os milagres eucarísticos, as aparições de Nossa Senhora, e, também, para a divulgação de voluntariados e serviços aos pobres e migrantes.

Carlo não conheceu as redes sociais. As plataformas digitais como o Facebook, fundado em 2004, tornaram-se populares anos depois. Carlo Acutis, porém, através de sua vida, seus valores, suas palavras, pode nos iluminar e desafiar a sermos verdadeiros missionários no ambiente digital. Com isso, eis aqui sete conselhos inspirados em Carlo Acutis que podem nos ajudar a sermos verdadeiras testemunhas do Evangelho nesses espaços tão desafiadores.

## 1. "Menos eu para deixar espaço para Deus"

O ambiente das redes sociais é marcado, muitas vezes, por uma lógica que pode estar em oposição ao Evangelho. É preciso vencer a tentação da sede de protagonismo e vaidade que prioriza a quantidade de *followers* e *likes*, ao invés do anúncio do Evangelho da humildade e do despojamento. É preciso reconhecer-se mero instrumento de Deus nas redes, deixando que ele mesmo possa agir na vida das pessoas. Isso significa deixar espaço para Deus.

## 2. "CRITICAR A IGREJA É CRITICAR A SI MESMO"

Somos o Corpo de Cristo, isto é, a Igreja. As redes sociais podem ser um ambiente oportuno para construir comunhão e fraternidade, e não para dividir. Carlo amava o Papa e a hierarquia da Igreja e a defendia sempre. Com isso, Carlo nos convida a testemunhar nas redes o nosso amor à Igreja de Cristo.

## 3. "JESUS NÃO FICARIA CONTENTE SE EU REAGISSE COM VIOLÊNCIA"

Não ceder aos instintos violentos ou às vinganças nas redes é fundamental para ser testemunha do Evangelho, mesmo diante dos insultos que podemos receber. O cristão, diante das violências verbais, não reage com a mesma moeda. O discípulo de Jesus deve ir contra a corrente do ódio, promovendo a paz, o perdão e a tolerância.

## 4. "O QUE NOS FARÁ VERDADEIRAMENTE BELOS AOS OLHOS DE DEUS SERÁ O MODO COM O QUAL O TEREMOS AMADO E COMO TEREMOS AMADO NOSSOS IRMÃOS"

Um exagerado cuidado com a autoimagem pode ser prejudicial. A beleza que Carlo nos convida a contemplar e a exalar não está na estética física, mas no modo de amar a Deus e os irmãos. A lógica que utiliza da falsidade dos filtros da inteligência artificial para "parecermos" mais atrativos não nos serve. É preciso fazer transparecer a autenticidade dos valores que emanam de dentro, e não as falsas aparências. Por outro lado, o Evangelho deve ser sempre testemunhado sem fazer barulho e sem a arrogância de se apresentar diante dos outros como detentores da verdade. Não nos esqueçamos de que Carlo jamais foi desrespeitoso para com a religião à qual seu amigo e confidente Rajesh pertencia. Como vimos, seu amigo hindu não se converteu ao cristianismo simplesmente a partir dos discursos doutrinários de Carlo, mas a partir do seu testemunho de vida, da sua docilidade e da sua caridade.

## 5. "TODOS NASCEM ORIGINAIS, MAS MUITOS MORREM COMO FOTOCÓPIAS"

As redes são muito marcadas pelas chamadas tendências. São repletas de modismos, por vezes recheados até mesmo de religiosidade, que atingem em cheio, principalmente, os jovens. Isto é, para que alguém seja aceito ou considerado nas redes impõem-se padrões de corpo, mentalidades e costumes que devem ser seguidos por todos. Não há originalidade alguma, mas apenas a superficialidade de tentar fazer todo mundo parecer igual. No entanto, o evangelizador é, por natureza, criativo. Conduzido pelo Espírito de Deus, lança-se com dinamismo, e não mera repetição, no caminho do anúncio do Evangelho. Deus chama a cada um de nós de modo único e do jeito que somos, porque cada um é único e irrepetível.

## 6. "ESTAR SEMPRE UNIDO A JESUS, ESTE É O MEU PROGRAMA DE VIDA"

Não há evangelização, nem nas redes, nem em lugar algum, sem estar unido a Jesus. Essa união precisa transparecer também na humildade e simplicidade do evangelizador digital. A docilidade com que se propõe o caminho de Jesus aos outros é extremamente importante. Não somos super-homens, todos somos pecadores e dependentes da misericórdia de Deus. É preciso também superar os modismos do *coaching* "cristão", que apresenta o caminho do Evangelho como uma estrada de bem-sucedidos na sociedade. A santidade, pelo contrário, não é o caminho do sucesso, mas pode ser vista pelos mundanos como um caminho de fracasso. Não nos esqueçamos da linguagem da cruz.

## 7. "POR QUE DIMINUIR A LUZ DOS OUTROS PARA FAZER BRILHAR A PRÓPRIA?"

Carlo nos ensina a sermos nós mesmos e a acreditar que cada um de nós é importante aos olhos de Deus. Nesse sentido, a falta de amor-próprio e a baixa autoestima podem ser muito prejudiciais. Calúnias, difamações e disseminação de *fake news* são apenas algumas das consequências que nascem no coração de quem se sente menor do que os outros. O missionário de Jesus no ambiente digital é chamado a dar suporte aos outros e ajudá-los a reconhecerem-se amados por Deus. Em outras palavras, o missionário digital é "um fogo que acende outros fogos".

## A graça da vergonha

*"A vergonha pelos nossos pecados
é uma graça, devemos pedi-la:
'Senhor, que eu tenha vergonha'."*

Papa Francisco

Ler e conhecer a vida de um santo pode ser algo muito perigoso: seu exemplo de vida pode nos deixar envergonhados e nos convidar a uma sincera mudança de vida. Foi exatamente isso o que aconteceu com o então cavaleiro vaidoso Inácio de Loyola. Ao ler as histórias de santos como São Francisco de Assis, ele ficou tão fascinado que passou a dizer: "Se São Francisco fez isso, eu também posso fazer!". Os santos nos dizem que o Evangelho é acessível e basta uma sincera decisão, ou seja, uma eleição decisiva por Cristo e seu Evangelho de Amor. A leitura da vida de Cristo e dos santos foi o meio que Deus usou para transformar a vida de Inácio de Loyola. Hoje, Deus também nos alcança por meio da vida deste menino. Com o testemunho de Carlo Acutis, o Senhor quer nos falar, nos dar as mãos e nos arrastar suavemente para os seus braços.

A GRAÇA DA VERGONHA

Conhecer a vida de um santo é também uma grande oportunidade para nos deixarmos questionar sobre nossa vida cristã e o modo como estamos vivendo a nossa vocação batismal. É uma oportunidade para abrir-nos ao Espírito de Deus e receber a "graça da vergonha". É um deixar-se tocar por, pelo menos, dois sentimentos paradoxais: o estupor pela beleza da santidade do outro e a vergonha causada pelas nossas misérias.

A nossa época, tão cheia de contradições, certamente nos deixa perplexos. O mundo, com suas guerras, egoísmos, abusos, preconceitos, maus-tratos e todo tipo de desamor, não está preparado para receber nossas crianças. A santidade de Carlo Acutis é uma fagulha de esperança em meio a todo esse caos. Carlo agora é parte do grande tesouro espiritual da Igreja que as novas gerações estão herdando. Carlo tornou-se amigo das multidões, de todos os continentes, que encontram nele uma figura de inspiração, de conforto na sua fraqueza e de consolo nos dias difíceis. Carlo Acutis é um amigo e companheiro de caminhada que nos foi dado por Deus. Ele é, de fato, como o "menino eucarístico" do Evangelho, que apareceu e nos ofereceu tudo o que tinha, colaborando com o Senhor para que o milagre aconteça na nossa vida.

Carlo nos ensina que a vida cristã é construída passo a passo, dia após dia. É na fidelidade cotidiana que a eleição feita por Cristo é suportada e mantida. Vale a pena recordar, mais uma vez, as palavras da mãe de Carlo, Antonia Acutis, que sintetizam, de algum modo, como a vida cristã do garoto foi construída sobre rocha firme, e esta não desabou, nem mesmo durante a sua mais difícil tempestade:

> Não foi o heroísmo de um momento. Foi o fruto de um relacionamento cultivado dia após dia, hora após hora. Sem saber, Carlo havia construído para si a possibilidade de viver aquele momento daquela maneira. Ele a construiu com anos vividos sob a luz de Deus, sob sua proteção continuamente solicitada, sob sua luz continuamente desejada.

Hoje, parafraseando as palavras do início da conversão de Santo Inácio de Loyola, olhando para a vida de Carlo, também nós podemos pelo menos tentar ter a mesma ousadia e dizer:

*Se São Carlo Acutis fez isso, eu também posso fazer!*

# Referências[1]

ACUTIS, C.; CARBONE, G. M. *Originali o fotocopie?* Bologna: Edizioni Studio Domenicano, 2021.

CASALDÁLIGA, P. *Cuando los días dan a pensar. Memoria, ideario, compromisso*. Madrid: PPC Editorial, 2005.

DEHO, A. *Se Carlo Acutis avesse trent'anni. Una nuova lettura delle sue intuizioni spirituali*. Milano: San Paolo, 2021.

GORI, N. *Eucaristia: la mia autostrada per il cielo. Biografia di Carlo Acutis*. Milano: San Paolo, 2007.

_____. *Dall'informatica al cielo. Carlo Acutis*. Vaticano: Libreria Editrice Vaticana, 2021.

OCCHETTA, F. *Carlo Acutis. La vita oltre il confine*. Torino: Elledici, 2023.

---

[1]. Para a elaboração desta biografia, além do acesso a documentos relacionados à canonização de Carlo Acutis, foram consultadas as obras listadas neste capítulo.

PAPA FRANCISCO. *Exortação Apostólica pós-sinodal Christus vivit*. São Paulo: Paulinas, 2019.

\_\_\_\_\_. *Laudato Si'. Sobre o cuidado da Casa Comum*. São Paulo: Paulus, 2019.

PARIS, G. *Carlo Acutis. Il discepolo prediletto*. Padova: Edizioni Messaggero, 2024.

SALZANO, A. *Il segreto di mio figlio. Perché Carlo Acutis è considerato un santo*. Segrate: Piemme, 2022.

\_\_\_\_\_; ACUTIS, A. *Trasmettere la fede alla scuola di nostro figlio Carlo Acutis. Intervista a cura di Giorgio Maria Carbone*. Bologna: Edizioni Studio Domenicano, 2023.

**Edições Loyola**

**editoração impressão acabamento**

Rua 1822 nº 341 – Ipiranga
04216-000 São Paulo, SP
**T** 55 11 3385 8500/8501, 2063 4275
**www.loyola.com.br**